直前5日間で100点差がつく27の鉄則
新TOEIC® TEST
英文法 出るとこだけ！

TOEIC®テスト講座担当講師
小石裕子 著

TOEIC is a registered trademark of Educational Testing Service (ETS).
This publication is not endorsed or approved by ETS.

はじめに

　長年TOEICテスト講師として教えてきた中で、多くの方が目標スコアに達するまでにかなりの回り道をされているのを目の当たりにし、「**短期間で、必要なことだけ学べる本**はないものか」と、さまざまな市販のテキストを探してみました。しかし、こうした要望に応えられる本はなかなか見つけられませんでした。

　そこで、自作教材を作成し、授業で実際に使うことで改良を重ねて生まれたのが本書の前身、『TOEIC® TEST 英文法出るとこだけ！』です。本書は、TOEICの形式変更に伴い、内容を新たに書き下ろした全面改訂版です。

　この全面改訂版では、問題への取り組み方を「どのようにして空所に適切な語句を選ぶか」という視点に変え、学習が必要な文法ポイントを新たに選択し直しました。

　新しいTOEICのリーディングセクションでは、スピードアップがより一層重要になります。Part 5とPart 6の問題文の意味をすべて理解しようとすると、時間内にリーディングセクションを終えることはまず無理でしょう。本書で提唱するのは、問題文の一部分だけを「見て」答えを選ぶ問題と、意味を考えながら取り組む問題とを見極めながら解くアプローチです。ぜひ本番の試験で実践してみてください。

本書で達成できること

1. 直前5日でスコアを100点伸ばす

Part 5とPart 6の両方に通じる解法テクニックを習得。文法問題を得点源にし、時間短縮をはかります。従来のTOEICよりも時間がかかるようになったPart 7により多くの時間を残すことができるので、全体として大きな得点アップが可能になります。

2. TOEICテストの英文法の出題傾向を知る

英文法の中でもTOEICに出る項目だけを厳選し、出題頻度をマークで示して、効率よく学習できる構成にしました。

3. 出題パターンが見抜ける

選択肢から出題パターンを見抜く方法が分かります。また、パターンごとの取り組み方を知ることで、解答に最小限必要な部分を見るだけで答えを選べるようになります。

4. 問題を解くための27の鉄則が分かる

文法問題を簡単に解くためのテクニックを練習問題を通して使いこなせるようになります。テスト前にこの鉄則を見直せば、学習した内容がすっきり整理できるはずです。

5.「受験者がおかしやすい失敗」を未然に防ぐ

著者が学習者に直に接してきた経験から判明した、「受験者がおかしやすい失敗」を解説の随所で紹介。未然に防ぐ秘訣を伝授します。

本書が皆さんのスコアアップに少しでも役立ち、英語学習を続けるきっかけとなれることを心から願っています。

小石裕子

CONTENTS

はじめに p.2
本書のねらい p.6
Part 5、6の決め手はスピードアップ！ p.8
本書の構成と使い方 p.10

Day 1

1. 品詞
空所の前後を見るだけで解ける！しかも最頻出！ p.12
【ポイント 1-3】形容詞と副詞／名詞とその他の品詞／補語になる言葉
品詞問題用ビジュアルチャート p.23
Practice Test p.24

2. 名詞を修飾する言葉
名詞の「数」を意識すれば、即答可能！ p.28
【ポイント 4-6】名詞の前に来る言葉／some of の後に来る言葉／名詞の前の否定語
Practice Test p.37

Day 2

3. 動詞の形
動詞の問題は3つのチェックポイントを素早く確認 p.42
【ポイント 7-9】本動詞／主語と動詞の対応／受動態
Practice Test p.53

4. 時制と仮定法
見た目で選べる時制と仮定法 p.57
【ポイント 10-11】時制／仮定法
Practice Test p.65

Day 3

5. 代名詞
格と指すものをチェックして速攻正解 p.70
【ポイント 12-14】代名詞の格／代名詞の指すもの／other と another
Practice Test p.78

6. 接続詞
構造も意味も「骨格だけ」とらえて選ぶ p.82
【ポイント 15-17】接続詞と接続副詞／接続詞と前置詞／組で使われる表現
Practice Test p.92
要注意！ Part 6では、nevertheless が文頭に来ることもあり得る！ p.96

Day 4

7. 分詞
要は「…している」か、「…される」かの判別 …… p.98
【ポイント 18-19】...-ing（現在分詞）と ...-ed（過去分詞）／分詞構文
Practice Test …… p.105

8. 関係詞
基本は「先行詞と格」のチェック …… p.109
【ポイント 20-22】関係代名詞の選択／that と what／which と where
Practice Test …… p.123

Day 5

9. 比較
前後のキーワードで「級」を決定 …… p.128
【ポイント 23-24】as ... as 構文／比較級と最上級
Practice Test …… p.136

10. 語法
これだけは押さえておきたい前置詞、語法 …… p.140
【ポイント 25-27】前置詞(1)／前置詞(2)／doing（動名詞）と to do（不定詞）
Practice Test …… p.151

総仕上げと英文法模擬テスト
テスト前に必ず見直そう！　TOEICテスト英文法 鉄則27 …… p.156

Part 6 の取り組み方　　　　　…… p.158
英文法模擬テスト
　Part 5　問題　　　　　　　…… p.159
　Part 6　問題　　　　　　　…… p.163
　解答　　　　　　　　　　　…… p.165
　解答用紙　　　　　　　　　…… p.174

本書のねらい

　TOEICは7つのパートで構成される。本書が扱うのは、Part 5とPart 6の文法・語法問題だ。このふたつの「穴埋め問題」を効率よく解く方法を身に付けることで、文法・語法問題の得点アップと解答時間の短縮を実現する。Part 7のみならずTOEIC全体に効果が波及するストラテジーだ。

新TOEICテストの構成

Listening Section 45分 100問	Part 1 写真描写問題 10問		写真を見ながらその写真についての描写文を4つ聞き、最もふさわしい描写文を選択する。
	Part 2 応答問題 30問		質問とその応答の選択肢を3つ聞き、最もふさわしい応答を選択する。
	Part 3 会話問題 30問		2人の会話を聞き、その会話に関する3つの質問について最もふさわしい解答を4つの選択肢から選ぶ。
	Part 4 説明文問題 30問		英文を聞き、それに関する3つの質問について最もふさわしい解答を4つの選択肢から選ぶ。
Reading Section 75分 100問	Part 5 短文穴埋め問題 40問	推奨時間配分 13〜16分 （1問 約20〜25秒）	短文の空所に入れるべき語句を4つの選択肢から選ぶ。文法・語法・語彙が問われる。
	Part 6 長文穴埋め問題 12問	推奨時間配分 5〜6分 （1問約25〜30秒）	長文の中に複数ある空所に入れるべき語句を4つの選択肢から選ぶ。文法・語法・語彙が問われる。
	Part 7 読解問題 48問	推奨時間配分 52〜57分	文書や図表を読み、それに関する質問について最も適切な解答を選択肢から選ぶ。28問は1つの文書、20問は2つの文書を読んで質問に答える。

文法・語法問題 スコア UP!!

解答に必要な部分だけを見る解法で、スコアアップと時間短縮を実現

　Part 5、Part 6の文法・語法問題は、パターンさえ見抜けば簡単に解ける問題が多い。本書で紹介する「27の鉄則」を押さえれば、文法・語法問題の85パーセント以上を正解できるようになる。

　頻出文法項目の習得に加えてスコアアップに欠かせないのは、時間短縮だ。一部分だけ見て解く練習をするため、本書の例題には解答するのに見る必要がある部分を色文字で示した。TOEIC対策としては、文頭から読む癖から脱却しないと時間短縮は難しい。まず、選択肢を見てから、色文字部分だけ見て答えを選んでみよう。色文字以外は紙や手で隠すぐらいの気持で取り組んでほしい。

読解パート スコア UP!!

Part 7を最後まで解く時間を確保

　Part 7は英文を読み、その中からいかに速く必要な情報を見つけるかがポイント。時間さえあれば解ける難易度の問題が多い。本書によって、50分前後をPart 7の48問に充てられるようになる。今まで時間切れで解けなかった問題も解答できるほか、パニック状態にならないですむので、文章の理解度が高まり、その分スコアがアップする。

総合スコアUP!!

文法力が身に付き英語の理解力が上がる

　英文構造を把握する力は、リスニング問題にも役に立つ。リスニングでは、日本語に置き換えず、聞こえてくるままに頭の中で概念を組み立てる必要があるからだ。また、本書の英文にはTOEIC頻出単語が使われているので、語彙の増強にも結びつき、総合得点を上げることが可能になる。

Part 5、6の決め手はスピードアップ！
時間短縮を実現する解き方

1. **最初に選択肢を見る！** 必須
    Part 5、Part 6では、文法問題でも語彙・語法問題でも、全文を読まないと答えを選べないような問題は少ない。まずは、**選択肢をさっと見てから、空所の前後だけを見て選べないか試してみよう**。

2. **最小限必要な部分**だけ「見て」選ぶ！
    空所の前後だけで判断できないときは少しずつ「見る」範囲を広げていき、解答に必要な部分のみ見て答えを選んでいこう。**ほとんどの問題はじっくり「読む」必要はない**。全文を読まないと不安が残る人もいるかもしれないが、全文を読んでも、必要最小限の部分のみ読んでも、結局は同じ答えを選んでいることに驚くはずだ。「部分読み」をした後で、もう一度全文を読んで意味を確かめたくなるが、本番ではその時間は次の問題に使おう。自信を持って、「部分読み」を実践してほしい。

3. **出題パターンを見抜く！**
    特に文法問題では、選択肢を見れば出題パターンが分かり、問題文の何をチェックすべきか対策が立てやすい。また、出題パターンさえ見抜けば、単語の意味が分からなくても解ける問題も多い。次ページに、典型的な選択肢の例を挙げた。**選択肢から何を問う問題かを判断できるようにしておこう**。出題ポイントが分かれば、あとはポイントごとの「鉄則」を活用することで、簡単に答えを選べる。

4. 制限時間は、**1問最長30秒まで！**
    どんな問題でも、1問に30秒以上はかけないようにしよう。練習問題を解くときにも、制限時間のプレッシャーを感じながら取り組むことで、テスト本番で実力が発揮できるようになる。

    もちろん、制限時間内に解いた後で、分からなかった単語の意味も調べて、問題文の意味を把握することも、英語の実力を培うために大切である。

選択肢の例と本書に収録した出題ポイント

1. 語尾だけ異なる単語が並んでいる
　(A) real　　　(B) reality　　(C) really　　(D) realize
　　　　　　　　　　　　　　→問われているのは、品詞【ポイント 1-3】

2. 名詞を修飾する、数量を表すような言葉が並んでいる
　(A) few　　　(B) no　　　　(C) a　　　　(D) much
　　　　　　　　　　　　　　→名詞を修飾する言葉【ポイント 4-6】

3. 同じ動詞のさまざまな形が並んでいる
　(A) ran　　　(B) running　　(C) runs　　　(D) run
　　　　　　　　　　　　　　→動詞の形、時制、仮定法【ポイント 7-11】

4. 代名詞が並んでいる
　(A) he　　　 (B) his　　　　(C) him　　　 (D) himself
　　　　　　　　　　　　　　→代名詞【ポイント 12-14】

5. 接続詞と前置詞が並んでいる
　(A) Though　 (B) If　　　　 (C) Despite　 (D) With
　　　　　　　　　　　　　　→接続詞【ポイント 15-17】

6. 現在分詞、過去分詞が含まれている
　(A) exciting　(B) excite　　 (C) excited　 (D) excitement
　　　　　　　　　　　　　　→品詞、分詞【ポイント 1-3、18-19】

7. 関係代名詞や関係副詞が並んでいる
　(A) who　　　(B) which　　　(C) where　　 (D) whose
　　　　　　　　　　　　　　→関係詞【ポイント 20-22】

8. 比較級や、最上級が並んでいる
　(A) dry　　　 (B) dried　　　(C) drier　　 (D) driest
　　　　　　　　　　　　　　→比較【ポイント 23-24】

9. 前置詞や基本的な単語が並んでいる
　(A) in　　　　(B) for　　　　(C) with　　　(D) on
　　　　　　　　　　　　　　→語法【ポイント 25-27】

10. 意味の異なる単語が並んでいる
　(A) resign　　(B) appoint　　(C) deprive　 (D) compromise
　　　　　　　　　　　　　　→語彙【意味が分からないときでも30秒以上考えない】

本書の構成と使い方

本書は、「10の文法項目を習得するDay 1〜Day 5」と「総仕上げと英文法模擬テスト」から構成されている。学習内容をスコアに結びつけるポイントは「復習」。解答は問題に書き込まないようにしよう。

Day 1〜Day 5
TOEICに頻出する文法項目を1日2つ学習する。

【ポイント】	それぞれの文法項目について、TOEICで問われるポイント。例題を解く際の着眼点となる。
頻出レベル	TOEICでの出題頻度を★の数で示した。数が多いほど頻度が高い。
例題	各ポイントの典型的な出題例。まずは問題の色文字部分だけ見て解いてみよう。
3秒で解く!	出題パターンが分かれば、3秒で解けることを示す。空所の直前・直後を見るだけで解けることが多い。
鉄則	ポイントごとの解法テクニック。鉄則だけを丸暗記しようとせず、練習問題を解きながら身に付けよう。
Exercises	文法知識を習得し、出題パターンに慣れるための練習問題。間違えた問題は問題文に✓などの印を付けておき繰り返し復習しよう。
Practice Test	Part 5形式の問題を「必要な部分だけ見る」方法で解く。解答は、解答欄を鉛筆で塗りつぶそう。「解答と解説」では、各問題のポイントを⛚で示した。理解があやふやな問題については、参照ページを読んで復習しよう。
🔍	解答するのに見る必要がある部分を示す。Practice Testでは自分でその部分を判断し、解答後、その部分が解説で示した範囲と同じかチェックしよう。

総仕上げと英文法模擬テスト

英文法 鉄則27	Day 5が終わった時点で再確認し、模擬テストで実践してみよう。試験直前にも必ず見直して、確実に使えるようにしておこう。
Part 6の取り組み方	模擬テストの前に、長文穴埋め問題の解き方のコツを確認しておこう。
英文法模擬テスト	実際のPart 5と6の半分(Part 5:20問、Part 6:6問)で構成されている。p.174の解答用紙を使用して制限時間内に解いてみよう。

Day 1

1. 品詞
【ポイント1】形容詞と副詞
【ポイント2】名詞とその他の品詞
【ポイント3】補語になる言葉

2. 名詞を修飾する言葉
【ポイント4】名詞の前に来る言葉
【ポイント5】some ofの後に来る言葉
【ポイント6】名詞の前の否定語

Day 1　1. 品詞

【ポイント1】　形容詞と副詞　　　　　　　　　　頻出レベル★★★★★

例題　選択肢を見てから、問題文の色文字部分だけを見て答えを選んでみよう。

The Women's Action Group played a ------- role in helping to secure the party the newly enfranchised female vote.
 (A) decision
 (B) decisive
 (C) decisively
 (D) decide

3秒で解く！

訳：Women's Action Groupは、その政党が新たに選挙権を得た女性票を獲得するのに決定的な役割を果たした。
　　(A) 名 決定　(B) 形 決定的な　(C) 副 決定的に　(D) 動 決定する

　選択肢に語尾だけが異なる単語が並んでいれば品詞の問題だ。**空所の前後だけ見て判断**できないか試してみよう。ここでは、空所の直前のaと後ろのroleを見る。空所には名詞roleを修飾する形容詞が入るはずなので、(B) decisive を選ぶ。問題文のほかの部分を読む必要はない。「3秒で解いて」時間を節約しよう。（ちなみに2行目のnewlyという副詞は、次に来る形容詞の働きをしている分詞enfranchisedを修飾している）

正解：B

**名詞の前には形容詞、
動詞・形容詞の前には副詞を選ぶ**

品詞の問題は出題率が非常に高い。形容詞、副詞、名詞、動詞の典型的な語尾と働きさえ知っていれば、選択肢の単語の意味が分からなくても対処できる。まずは、最頻出の「**形容詞と副詞の違い**」を押さえておこう。

DAY1
1 品詞

1. 形の違い

語尾	形容詞		語尾	副詞	（形容詞＋-ly）
-ful	beautiful	（美しい）	-ly	beautifully	（美しく）
-less	useless	（役に立たない）	-ly	uselessly	（役に立たずに）
-able	capable	（有能な）	-ly	capably	（上手に）
-ant	important	（重要な）	-ly	importantly	（重要に）
-ent	apparent	（明らかな）	-ly	apparently	（明らかに）
-ive	positive	（積極的な）	-ly	positively	（積極的に）
-ous	various	（さまざまな）	-ly	variously	（さまざまに）
-ish	foolish	（愚かな）	-ly	foolishly	（愚かに）
-ic	heroic	（英雄的な）	-ally	heroically	（英雄的に）

★例外1：名詞＋**-ly** は形容詞
　　　　cost + **-ly** ＝ costly（高価な）、love + **-ly** ＝ lovely（かわいい）
★例外2：-ly で終わらない副詞
　　　　well（うまく）、fast（速く）、late（遅く）、hard（懸命に）

2. 働きの違い

形容詞	副詞（名詞以外を修飾）
補語になる（be動詞の後に来る） Jane is capable. …○ （ジェーンは有能だ…○）	補語にならない Jane is capably. …× （ジェーンは上手に…×）
名詞を修飾する Jane is a positive girl. …○ （積極的な少女…○）	通常、名詞は修飾しない Jane is a positively girl. …× （積極的に少女…×）
動詞を修飾しない Jane acts foolish. …× （愚かな振舞う…×）	動詞を修飾する Jane acts foolishly. …○ （愚かに振舞う…○）
形容詞を修飾しない Jane is apparent tired. …× （明らかな疲れている…×）	形容詞を修飾する Jane is apparently tired. …○ （明らかに疲れている…○）

こんな空所にも副詞の可能性大！

1. 文頭の空所（後ろに[カンマ＋主語＋動詞]が続き、文全体を修飾）
　<u>Generally</u>, conductors are male.
　（一般的に指揮者は男性だ）

2. because / after / beforeの前の空所（空所の後ろの句や節を修飾）
　例えば次の例を見てみよう。
　Bill accepted the job ------- because it enabled him to get more free time.
　(A) financially　(B) accurately　(C) partly　(D) correctly

　　このような問題ではaccepted（受け入れた）を修飾する言葉だけを探して正解が見つからず悩む人が多いが、**becauseの直前が空所のときはそれがbecause以下全体を修飾している可能性**も考えよう。(C)であれば「ビルは、より自由な時間が得られることもあってその仕事を引き受けた」という文意が成り立つ。
　(A) 財政的に　(B) 正確に　(C) 一部には　(D) 正しく　　　　　　**正解：C**

- <mark>because以下を修飾</mark>する副詞の例
　mostly（主に）、largely（大部分は）、mainly（主に）、only（ただ）

- <mark>after / before以下を修飾</mark>する副詞の例
　soon（すぐに）、shortly（間もなく）、long（長らく）
　We finished the work **shortly** before noon.
　（われわれは正午少し前に仕事を終えた）

3. 数字の前の空所（数詞を修飾）
　This cost **exactly** 50 dollars. …○　（これはきっかり50ドルかかった）
　This cost **exact** 50 dollars. …×　形容詞は不可

- <mark>数詞を修飾</mark>する副詞の例
　approximately、almost、nearly（3つとも「おおよそ」の意味）

Exercises （　）に入る適切な品詞を選んでみよう。

1. There is a (difficult / difficultly) problem to solve in the program.

2. This method is (current / currently) employed for the operation.

3. The net profits that the company earned from the contract reached (approximate / approximately) four million dollars.

4. The advantage the prestigious company has over the others is totally (evident / evidently).

5. The weather in this region is (definite / definitely) unpredictable at this time of the year, so carry tire chains at all times.

解答

1. difficult（そのプログラムには解決が難しい問題がある）
problemという名詞の前なので形容詞。

2. currently（この技法は現在操業に採用されている）
動詞を修飾しているので副詞。受動態を修飾する副詞は、be動詞と過去分詞の間に入る。

3. approximately（その契約から会社が稼いだ純益は、約400万ドルに達した）
数字の前には形容詞でなく副詞。

4. evident（その一流企業が他社より優位であることは全く明瞭だ）
be動詞の後のtotallyは副詞であり補語ではない。従って、ここには補語になる形容詞が必要。

5. definitely（この時期、この地方での天気は全く予測がつかないので、常にタイヤチェーンを持って行きなさい）
形容詞unpredictableの前なので副詞。

【ポイント2】 名詞とその他の品詞　　　頻出レベル★★★★★

> 例題　選択肢を見てから、問題文の色文字部分だけを見て答えを選んでみよう。

The Arkansas Today is a statewide newspaper and therefore has ------- to a wider audience than just Little Rock.

(A) significant
(B) significantly
(C) significance
(D) signify

訳：*The Arkansas Today*は州規模の新聞なので、リトルロック市だけでなく、より広範囲の読者にとって重要性がある。
　　(A) 形 重要な　(B) 副 重要に　(C) 名 重要性　(D) 動 示す

　選択肢から品詞の問題と判断し、空所の前後を見る。直前にある has は、後ろに目的語を必ず伴う動詞（他動詞）だ。従って、空所にはその目的語となる名詞が必要なので、(C) の significance を選ぶ。この has が、has to do（…しなければならない）の has でないことは to の後に動詞の原形でなく a が来ているところから確認できる。

正解：C

 **他動詞の後には名詞を選ぶ**

　ポイント1で学習した「形容詞と副詞」の判別のほか、品詞問題では、「名詞と動詞」「名詞と形容詞」「名詞と副詞」の判別もよく出題される。ここでは**名詞と動詞の形や働き**を確認しておこう。

★注：自動詞と他動詞
　　自動詞：次に目的語が続かなくても文意が完結する動詞
　　　　　Ben **shouted**.　…○　（ベンは叫んだ）
　　他動詞：次に目的語が続かないと文意が完結しない動詞
　　　　　Ben **has**.　　　…×　（ベンは持っている）
　　　　　Ben **has** <u>a car</u>.　…○　（ベンは車を持っている）

1. 形
名詞に多い語尾

語尾	例1	訳	例2	訳
-tion, -sion	destruction	(破壊)	decision	(決定)
-ity, -ty	reality	(現実)	safety	(安全)
-th	truth	(真実)	health	(健康)
-ment	development	(発展)	improvement	(改善)
-ness	happiness	(幸福)	promptness	(迅速)
-ance, -ence	importance	(重要性)	convenience	(利便)
-cy	efficiency	(効率)	policy	(政策)
-er, -or	employer	(雇用者)	doctor	(博士)
-ee	employee	(従業員)	trainee	(研修生)

動詞に多い語尾・語頭

語尾	例1	訳	例2	訳
-en	widen	(広くする)	lengthen	(長くする)
-fy	satisfy	(満足させる)	classify	(分類する)
-ize, -ise	socialize	(付き合う)	realise	(実現する)
en-	enrich	(豊かにする)		

2. 働き
名詞の働き：文の主語、補語、目的語になる

Mr. Ravin is the mayor of our city. （ラビン氏はわれわれの市の市長だ）
　主語　　　補語　　　前置詞の目的語

He puts great importance on economy. （彼は経済を重視している）
　　　　動詞の目的語　　前置詞の目的語

　この例のように、名詞には冠詞theや形容詞great、所有格ourなどの修飾語が付くことがあるが、その語句の固まりの中心をなしているのは名詞である。

動詞の働き：動作や状態を表して文の述語部分を作る（→p.43）

ここで、形容詞・副詞・名詞・動詞の「形」と「働き」を理解しているか練習問題を解いて試してみよう。

Exercises 少し難しめの単語を集めた。下の解答は隠し、1.～30.の単語の品詞を、意味からでなく形だけで判別してみよう。

1. accuracy
2. reckless
3. feasibility
4. wealth
5. payee
6. ability
7. effective
8. arbitrator
9. notably
10. optimistic
11. invention
12. replacement
13. myth
14. strengthen
15. enlarge
16. strictly
17. authorize
18. emptiness
19. selfish
20. advocacy
21. prosperous
22. facility
23. width
24. prominence
25. entitle
26. indispensable
27. organize
28. accusation
29. competent
30. modify

解答 意味も覚えておくと必ず役に立つ！

1. 名 正確さ
2. 形 無鉄砲な
3. 名 実現の可能性
4. 名 富
5. 名 被支払人
6. 名 能力
7. 形 効果的な
8. 名 仲裁者
9. 副 著しく
10. 形 楽観的な
11. 名 発明
12. 名 交換品
13. 名 神話
14. 動 強くする
15. 動 大きくする
16. 副 厳格に
17. 動 権威を与える
18. 名 空虚さ
19. 形 利己的な
20. 名 擁護
21. 形 繁栄した
22. 名 施設
23. 名 幅
24. 名 卓越
25. 動 権利を与える
26. 形 不可欠の
27. 動 組織する
28. 名 非難
29. 形 有能な
30. 動 修正する

Exercises 空所に入る適切な品詞を選んでみよう。

1. Perishables are stored in refrigerated containers to retain their -------.
   (A) freshen   (B) freshness   (C) fresh   (D) freshly

2. The CEO did not ------- any mistakes in the report.
   (A) identify   (B) identical   (C) identity   (D) identification

3. The repairman disassembled the DVD player with ------- .
   (A) easy   (B) easily   (C) easeful   (D) ease

4. Some ------- charts will make this report more understandable.
   (A) add   (B) additional   (C) addition   (D) additionally

5. ------- indicates that land prices are unlikely to rise sharply.
   (A) Realize   (B) Really   (C) Real   (D) Reality

DAY1
1
品詞

解答

1. B (生鮮食品は鮮度を保つために冷蔵コンテナーで保管されている)
(A)動 新鮮にする　(B)名 新鮮さ　(C)形 新鮮な　(D)副 新鮮に
retainの目的語になっているので名詞が適切。または、「代名詞の所有格(ここではtheir)の後は名詞」というルールからも名詞を選べる。

2. A (CEOは報告書になんら間違いを確認できなかった)
(A)動 確認する　(B)形 同一の　(C)名 身元　(D)名 身分証明
did notだけでは、述語部分を作る本動詞(→p.43)にはならないので空所には動詞の原形が必要。

3. D (修理工は容易にDVDプレーヤーを解体した)
(A)形 容易な　(B)副 容易に　(C)形 穏やかな　(D)名/動 容易(にする)
前置詞の目的語になるのは名詞。

4. B (いくつかの表があれば、この報告書はもっと分かりやすくなるだろう)
(A)動 加える　(B)形 追加の　(C)名 追加　(D)副 加えて
後ろの名詞chartsを修飾するのは形容詞。

5. D (現実が示すところによると、地価は急騰しそうにない)
(A)動 実現する　(B)副 現実に　(C)形 現実の　(D)名 現実
空所には、動詞indicatesに対する主語が必要。主語になるのは名詞なので、Realityが適切。

【ポイント3】 補語になる言葉　　　頻出レベル★★★★☆

例題　選択肢を見てから、問題文の色文字部分だけを見て答えを選んでみよう。

Some personnel should always be ------- for customer services.
(A) available
(B) avail
(C) availability
(D) availably

訳：何人かの人員は常に、カスタマーサービスのために対応できるようにしておくべきだ。
　　(A) 形 使用できる　(B) 動 役立つ　(C) 名 使用可能なこと　(D) 副 使用可能で

　品詞の問題だ。personnel should always be ------- for の部分を見ると空所には補語が必要と分かるので、補語になり得る (A) 形容詞と (C) 名詞が残る。**補語はそれが説明する言葉（ここでは主語 personnel ［人］）と実体がイコールで結べるものでなくてはいけない**。つまり補語は主語（ここでは personnel）がなれるものでなければならない。「人」は「客」や「医師」のような具体的なものにはなれても、「使用可能なこと」という抽象的なものにはなれない。しかし「使用できる（対応できる）」状態にはなれるので、形容詞の (A) が正解となる。

正解：A

鉄則3　補語には形容詞を選ぶ

補語とは

　主語や目的語を説明し、文意を完成させる言葉。be動詞、もしくはlook...（…のように見える）や、seem (to be)...（…のように見える）などの動詞の後に来る名詞か形容詞。

「補語」は主語と実体がイコールで結べるもの

The man is a <u>doctor</u>. …○	（男性＝医師）	普通名詞
The man is <u>kind</u>. …○	（男性＝親切な）	形容詞
The man is <u>kindness</u>. …×	（男性≠親切さ）	抽象名詞

　TOEICで、**補語**（出題はたいていbe動詞の後の空所）**になる品詞を問われた**ら、 **形容詞** を選ぶと正解の可能性が非常に高い。

Exercises （　）に入る適切な品詞を選んでみよう。

1. It is not (sufficiency / sufficient) for schools to have only a few computers.

2. The consultant we talked with about our operation is (reliance / reliable).

3. At the debate, Mr. Grace's opponent seemed very (competence / competent).

4. It is very (convenience / convenient) for us to have access to the database.

5. All the directors are (authorization / authorized) to endorse checks.

DAY1
1 品詞

解答

1. sufficient（学校はコンピューターを2、3台だけ持っていても十分ではない）
（　）には主語Itを説明する補語が必要。主語Itの内容を表すto have以下（持っている状態）とイコールで結べる関係にあるのは、形容詞sufficient（十分な状態）。抽象名詞sufficiency（十分あること）では、主語とイコールで結べない。

2. reliable（わが社の運営について話し合ったコンサルタントは信頼できる）
主語consultant（人）は抽象名詞reliance（信頼）とはイコールで結べないが、reliable（信頼できる）という状態とは結べるので、形容詞reliableが補語として適切。

3. competent（討論会でのグレイス氏の相手はとても有能そうだった）
seemedはbe動詞と置き換えても、文構造も大意も変わらない動詞であり、後ろには補語が来る。opponent（相手）の補語には、形容詞competent（有能な）が適切。抽象名詞competence（有能さ）では、主語とイコールで結べない。

4. convenient（われわれがデータベースにアクセスできるのは大変便利だ）
to have以下の「事柄」を指す主語Itの補語はconvenience「便利さ」という抽象名詞ではなく、「便利な」という意味を表す形容詞が適切。

5. authorized（すべての役員は小切手を裏書する資格がある）
主語All the directors（人）がなれるのは、形容詞のように使われている過去分詞のauthorized（資格を与えられた［状態］）。名詞authorizationは（権威を与えること）という抽象名詞なので補語には不適切。

👁 見た目で勝負！ 品詞問題用ビジュアルチャート

品詞の選択に迫られたときの緊急対策として、頻出パターンを覚えておこう。

こんな空所には形容詞を選ぶ！

1. **冠詞** と **名詞** の間

    The computer is an (important) tool.
    （コンピューターは重要なツールだ）

2. **be** 動詞の後

    We are (anxious) about the plan.
    （われわれはその計画について懸念している）

こんな空所には副詞を選ぶ！

1. **動詞** の前

    We (successfully) bought the company.
    （われわれはうまくその会社を買収した）

2. **be** 動詞と **過去分詞** の間

    The machine was (completely) broken.
    （機械は完ぺきに壊れた）

3. **have / has / had** と **過去分詞** の間

    That customer has (frequently) asked the same question.
    （あの客はしばしば同じ質問をする）

4. **形容詞** の前

    That was an (incredibly) heroic act.
    （それは信じがたいほど英雄的な行為だった）

こんな空所には名詞を選ぶ！

1. **他動詞** の後

    We found (significance) in the policy.
    （その方針に重要性が見えた）

2. **冠詞・所有格** の後

    Everyone was impressed by Ellie's (efficiency).
    （エリーの効率の良さに皆が感嘆した）

DAY1
1
品詞

Practice Test 1.　品詞

 目標 2 分

問題を解くのに最小限必要な部分だけを見て、目標時間内に解いてみよう。

☐ **1.** The apartment was ------- intended for elderly people whose income is less than a particular amount.
(A) original
(B) origin
(C) originality
(D) originally

☐ **2.** Our Boston lab is one of our most expensive ------- in the state.
(A) proper
(B) properties
(C) properly
(D) property

☐ **3.** It is well known that smoking ------- affects people's health.
(A) adverse
(B) adversely
(C) adversity
(D) advert

☐ **4.** BEST HELP carries out research and provides advice and information to enhance ------- in your business.
(A) efficient
(B) efficiently
(C) efficiency
(D) efficacious

☐ **5.** Generally, while the results are largely similar to those detected three years ago, the overall situation has ------- improved.
(A) progress
(B) progressive
(C) progression
(D) progressively

解答欄
1. Ⓐ Ⓑ Ⓒ Ⓓ　2. Ⓐ Ⓑ Ⓒ Ⓓ　3. Ⓐ Ⓑ Ⓒ Ⓓ　4. Ⓐ Ⓑ Ⓒ Ⓓ　5. Ⓐ Ⓑ Ⓒ Ⓓ

6. We would be grateful if you could sign our guestbook as your feedback is ------- to us.
(A) valuation
(B) valuable
(C) valuate
(D) valuably

7. It is possible to limit kidney damage by ------- controlling blood sugar levels, following a strict diet and by medication.
(A) care
(B) careful
(C) carefully
(D) cared

8. The researchers repeated the experiment without a notable ------- .
(A) difference
(B) differ
(C) different
(D) differently

9. The personnel manager decided to reject the applicant ------- because he was late for the interview.
(A) variously
(B) legal
(C) largely
(D) part

10. ------- conditions allow rice grain yield to be increased by 50 percent.
(A) Favor
(B) Favorable
(C) Favorite
(D) Favorably

Practice Test 1.　品詞　解答と解説

問題を解くときに見る必要があった部分が、🔍と同じかチェックしよう。

1. D 🔑 [be動詞＋過去分詞] の間に来るのは副詞　　　　　　p.23
[訳]　そのアパートは、元は収入が一定金額未満の高齢者を対象としたものだった。
[解説]　受動態（be動詞＋過去分詞）の動詞を修飾しているので、副詞の (D) originally (元は) が正解。(A) original (最初の) は形容詞、(B) origin (起源)、(C) originality (独創力) は名詞。
🔍 **was ------- intended**

2. B 🔑 所有格の後には名詞　　　　　　　　　　　　　　　p.23
[訳]　ボストンの研究所は、この州におけるわが社の最も高価な不動産のひとつである。
[解説]　所有格 our の後には名詞が来るはずだが、ここでは most expensive (最も高価な) という形容詞が来ているので、空所には名詞が必要。one of . . .（…の中のひとつ）の後の名詞は複数形になるので、単数形の (D) property (不動産) ではなく、複数形の (B) properties が正解。
🔍 **one of ～ in**

3. B 🔑 動詞の前には副詞を選ぶ　　　　　　　　　　　　　p.12
[訳]　喫煙が人々の健康に悪影響を及ぼすことはよく知られている。
[解説]　動詞の前なので、動詞を修飾する副詞 adversely (悪く) が正解。(A) adverse (不利な) は形容詞、(C) adversity (不運) は名詞、(D) advert (注意を向ける) は動詞。
🔍 **smoking ------- affects**

4. C 🔑 他動詞の後には名詞を選ぶ　　　　　　　　　　　　p.16
[訳]　ベストヘルプは御社の事業の効率性向上のため、調査を行い、アドバイスと情報を提供します。
[解説]　enhance . . .（…を高める）という他動詞の後には目的語になる名詞が必要なので、(C) efficiency (効率性) が正解。(A) efficient (効率的な)、(D) efficacious (有効な) は形容詞。(B) efficiently (効率的に) は副詞。
🔍 **enhance ------- in**

5. D 🔑 has と過去分詞の間に来るのは副詞　　　　　　　　p.23
[訳]　総合的には、結果は3年前に発見されたものと大方は似ているが、全体の状況は次第に改善してきている。
[解説]　has improved (改善した) という完了形の間に来て、動詞を修飾しているので副詞 progressively (徐々に) が正解。
🔍 **has ------- improved.**

6. **B** 🔑 **補語には形容詞を選ぶ** p.20
[訳] 皆様のご意見は貴重ですので、宿帳にご記入いただけると幸甚に存じます。
[解説] 空所には主語feedback（意見）の補語が必要なので、(C)動詞valuate（評価する）、(D)副詞valuably（高価に）は不可。(A)の名詞valuation（評価額）では主語feedbackとイコールで結べないので、補語として不適切。「価値がある」の意味の(B)形容詞valuableが適切。
🔍 your feedback is ------- to us.

7. **C** 🔑 **動詞を修飾するのは副詞** p.13
[訳] 血糖値を注意深く管理し、厳格な食事療法、投薬を行うことで、腎臓障害を抑えることは可能である。
[解説] この「動名詞」controllingは目的語のblood sugar levelsが後に続き、「動詞」の性質を強く残しているので、「名詞」というよりも「動詞」として修飾語を考える。動詞を修飾するのは副詞の(C) carefully。
🔍 by ------- controlling blood

8. **A** 🔑 **冠詞の後には名詞を選ぶ** p.23
[訳] 研究者はその実験を繰り返したが、大した違いはなかった。
[解説] 冠詞aの後には、名詞が来るはずだが、次に来ているのが形容詞なので最後の単語は名詞でなければならない。
🔍 a notable -------.

9. **C** 🔑 **becauseの前の空所は、because以下を修飾する可能性大** p.14
[訳] 主として面接に遅れたという理由で、人事部長はその応募者を断ることに決めた。
[解説] (B)形容詞legal（合法の）、(D)名詞part（部分）では、文が成立しない。(A)variously（さまざまに）、(C)largely（主として）は副詞なので、動詞decided（決めた）を修飾するとも考えられるが、そうすると文意が成り立たない。because以下を修飾していると考えると、(C)なら「主として…という理由で」となり文意が成立する。
🔍 decided ～ because

10. **B** 🔑 **名詞の前には形容詞を選ぶ** p.12
[訳] 好条件下では米穀類の生産高は、50パーセントの上昇が可能である。
[解説] 空所には、名詞conditions（条件）を修飾する形容詞が必要なので(A)名詞Favor（好意）、(D)副詞Favorably（好意的に）は外す。(C)Favoriteは形容詞だが「好みの」では文意が通らない。従って(B)Favorable（好都合な）が正解。
🔍 ------- conditions

Day 1 2. 名詞を修飾する言葉

【ポイント4】 名詞の前に来る言葉 頻出レベル★★★★☆

例題 選択肢を見てから、問題文の色文字部分だけを見て答えを選んでみよう。

Regrettably, the severe recession did not leave us ------- options.
(A) much
(B) many
(C) a lot
(D) a

訳：残念ながら、厳しい不況はわれわれに多くの選択肢を残さなかった。

　選択肢に数量を表す言葉や冠詞など、**名詞を修飾する言葉が並んでいたらまず、空所の後をチェック**する。直後の名詞がoptionsと複数形になっていることに注目して選択肢を見ていくと、(A) muchは可算名詞を修飾しないので間違い。(C) a lotは可算・不可算のどちらも修飾するが、後ろに名詞を続けるにはofが必要。(D)冠詞aは複数形には付かない。従ってこの問題は、空所の後ろを見ただけで可算名詞の複数形を修飾する(B) manyを正解に選べる。

正解：B

 **選択肢に数量を表す言葉が並んでいたら、
空所の後の名詞が単数か複数かをチェック**

まず、可算・不可算名詞の知識を整理しておこう。

■**可算名詞**　　形が一定していて**数えられるもの**
　　　　　　　複数になると語尾に-s、-esが付くのが原則
　　　　　　　experiment → experiments（実験）
　　　　　　　casualty → casualties（犠牲者）

■**不可算名詞**　物質名詞（液体・気体・鉱物）・抽象名詞で形が一定せず**数えられないもの**。語尾に-s、-esが付くことはないのが原則
　　　　　　　some air（いくらかの空気）, much experience（豊富な経験）

　単語の意味が分からないときは、語尾が-s、-esで終わっている名詞は可算名詞の複数形と考えればよい。ただし、次の例外に注意。

・**-sで終わっていても不可算の名詞**
　newsやmathematics（数学）、economics（経済学）など、学問の名前は不可算

・**-sが付いていないが複数扱いの名詞**
　people, police

Exercises　次の単語の可算、不可算を判別してみよう。

1. knowledge	6. statistics	11. device
2. profit	7. opportunity	12. money
3. information	8. equipment	13. baggage
4. instruction	9. newspaper	14. refund
5. news	10. advice	15. traffic

解答　理屈どおりにいかないものは丸暗記しよう！
　1. 不可算（知識）　　6. 不可算（統計学）　　11. 可算　（装置）
　2. 可算　（利益）　　7. 可算　（機会）　　　12. 不可算（お金）
　3. 不可算（情報）　　8. 不可算（装置）　　　13. 不可算（荷物）
　4. 可算　（指示）　　9. 可算　（新聞）　　　14. 可算　（払い戻し）
　5. 不可算（ニュース）10. 不可算（忠告）　　　15. 不可算（交通）

★注：もちろん実際には、文脈によって可算・不可算どちらにもなり得るものもかなりある。しかし、TOEIC対策的には上の分類で覚えておけばよい。

DAY1 2　名詞を修飾する言葉

名詞とその前に来る言葉との組み合わせ

可算名詞（単数形・複数形）、不可算名詞ごとに、その前にどのような言葉が来ることができるかを次のExercisesで確認しておこう。
（来る可能性があるというだけで、この名詞にはいつもこの言葉が来るというわけではない）

Exercises　1.〜18の言葉がそれぞれ、可算名詞の単数形・複数形、不可算名詞の前に来ることができれば○、できなければ×を記入しよう。

名詞の前に来る言葉	可算名詞の単数形 book	可算名詞の複数形 books	不可算名詞 water
1. no（ゼロの）	( )	( )	( )
2. a / an / one（ひとつの）	( )	( )	( )
3. the（その）	( )	( )	( )
4. this / that（この / あの）	( )	( )	( )
5. these / those（これらの / あれらの）	( )	( )	( )
6. some / any（いくらかの / いくらも）	( )	( )	( )
7. few / a few（ほとんどない / いくつかある）	( )	( )	( )
8. little / a little（ほとんどない / 少しある）	( )	( )	( )
9. several（いくつかの、5,6の）	( )	( )	( )
10. many（たくさんの）	( )	( )	( )
11. much（たくさんの）	( )	( )	( )
12. a lot of / lots of / plenty of（たくさんの）	( )	( )	( )
13. a number of（いくつかの）	( )	( )	( )
14. an amount of（いくらかの）	( )	( )	( )
15. each / every（それぞれ / すべての）	( )	( )	( )
16. all（すべての）	( )	( )	( )
17. another（もうひとつの）	( )	( )	( )
18. enough（足りるだけの）	( )	( )	( )

解答と補足

1. ○○○　4. ○×○　7. ×○×　10. ×○×　13. ×○×　16. ×○○
2. ○××　5. ×○×　8. ××○　11. ××○　14. ××○　17. ○××
3. ○○○　6. ○○○　9. ×○×　12. ×○○　15. ○××　18. ×○○

1. no：「ゼロの」という意味の形容詞で、可算名詞の単数、複数、不可算名詞全てを修飾する可能性がある。

2. a / an / one：不特定の可算名詞の前に付き、不可算名詞に付くことはない。
＊aとanの使い分けは、次の単語の最初の文字ではなく、音で決まる。

　　次の単語が子音で始まっていたら **a**
　　　a country（国）、a university（大学）、a big envelope（大きな封筒）

　　次の単語が母音で始まっていたら **an**
　　　an envelope（封筒）、an hour（1時間）、an old country（古い国）

3. the：限定性のあるものに付き、不可算名詞に付くこともある。
Jay bought a car with <u>the</u> money you gave him.
（ジェイはあなたが彼にあげたお金で車を買った）

　このmoneyには「あなたが彼にあげた」という、限定を表す説明が付いているのでtheが付く。覚えておきたいのは、**不可算名詞にもtheが付くことがある**ということ。TOEICでは、theとaの使い分けまで問われることはほとんどない。

6. some：可算名詞の単数形を修飾するときは、「とある」という意味を表す。
any：肯定文では「いかなる」の意味。可算名詞の単数形にも付く。

15. every、17. another：後ろに数詞が来れば複数形が来ることもある。
every <u>four</u> <u>days</u>（4日毎に）、another <u>four</u> <u>days</u>（もう4日）

16. all theであれば、all the book（その本全体）となりOK。all the booksも、all the waterも正しい。ただし、語順に注意。例えば、the all bookは間違い。

18. enough：修飾するものが名詞のときは前に、形容詞のときは後ろに来る。
Jay had <u>enough</u> strength to talk.（ジェイは話すだけの元気があった）
　　　　　　　名詞

Jay was <u>strong</u> <u>enough</u> to talk.（ジェイは話すことができるぐらい元気だった）
　　　　　形容詞

【ポイント5】　some ofの後に来る言葉　　　　頻出レベル★★★★☆

例題　選択肢を見てから、問題文の色文字部分だけを見て答えを選んでみよう。

Retry Products Ltd. imports ------- raw materials from South American countries.
　(A) much
　(B) the all
　(C) many of
　(D) most of the

訳：リトライプロダクツ社は、原材料のほとんどを南アメリカの国々から輸入している。

　空所の後ろを見るとmaterials（材料）という可算名詞の複数形が来ているので、可算名詞を修飾しない(A) muchは即座に除外する。(B)はtheとallが逆転してall the raw materialsであれば正解になり得る。(C)もofの後にitsやtheなどの限定する言葉が不足しているので不適切。結局(D)のみが残ることになる。

正解：D

　some ofの後にはtheが要る

　all / most / some / manyなど、数量を表す言葉の次には直接名詞が続くことも、of...が続くこともある。**ofが続くときには必ず、the（その）/ my（私の）/ his（彼の）/ this（この）など、「…の」の意味になる言葉が直後に必要**だ。

例)　most books　　　　…○　（ほとんどの本）
　　most of the books　…○　（それらの本の中のほとんど）
　　most of books　　　…×　あり得ない表現

★注1：「... ofの後にはthe」となるのは「...」に**数量を表す言葉が来たときだけ**で、普通の名詞のときは必ずしもtheが要るわけではない。「... of」の後にはどんなときもtheが必要、と思い込んでしまう人が多いので注意しよう。
　　　the cost **of** telephone services　…○（電話サービスの料金）

★注2：a lot of / lots of / a number of / hundreds of /thousands of / millions of などの概数の後にはtheが来なくてもよい。

- 概数のときには、ofの後にtheは来なくてもよい
   hundreds of companies　…○（何百という会社）

- 特定の数のときには、ofの後にtheは必要
   two hundred of companies　…×
   two hundred companies　…○（二百社）
   two hundred **of** the companies　…○（それらの会社の中の二百社）

名詞の直前にalmostは選ばない

almost books	…×	あり得ない表現
almost all books	…○	（ほとんどすべての本）
most books	…○	（ほとんどの本）

特に注意!!

almost booksをあえて訳すと「ほとんど本」となる。本である度合いが「ほとんど」で、「実は本ではない」という意味になるが、この表現が実際に使われることはない。

DAY1　2　名詞を修飾する言葉

Exercises 次の表現が正しいか、間違っているか判別してみよう。

```
1. all factories            6. names of workers
2. a few of pens            7. some of mistakes
3. much of our money        8. a lot of information
4. almost houses            9. the all people
5. thousands of cars       10. most trucks
```

解答

1. ○:「すべての工場」。

2. ×:ofの後ろにtheを入れるか、ofを取る。

3. ○:「われわれのお金の多く」。ourがtheの代わりをしている。

4. ×:「ほとんどの家」はalmost all houses、もしくはmost housesで表す。

5. ○:「何千台もの車」。概数を表す表現のときはofの後にtheは不要。

6. ○:namesは数量を表す言葉ではないのでこのままでOK(→p.33注1)。

7. ×:ofの後ろにtheを入れるか、ofを取る。

8. ○:「たくさんの情報」(→p.33注2)。

9. ×:語順が間違っている。正しくはall the people。

10. ○:「ほとんどのトラック」。

【ポイント6】 名詞の前の否定語

頻出レベル ★★★☆☆

DAY1 2 名詞を修飾する言葉

例題 選択肢を見てから、問題文を読んで答えを選んでみよう。

------- complaints against the new device have been registered yet this year.
　(A) Not
　(B) None
　(C) No
　(D) Any

訳：今年はその新しい装置に対する苦情はまだ受け取られていない。

　空所の直後に、複数名詞 complaints がある。複数名詞の前に来ることができるのは、(C) No か (D) Any だが、Any を入れてみると、「いかなる苦情も今年はまだ受け取られた」となってしまい文意が通らない。また、副詞の yet は否定語の後で用いるのが原則。従って、No が正解となる。なお、(A) **Not** は、Not a complaint のように a や one が直後に来て「ただのひとつもない」という強調の意味になる場合を除けば、**文頭の名詞の前に来ることはない**。(B) **None** は代名詞で「ゼロのもの」という意味になり、直後に名詞は続かない。

正解：C

　文頭の名詞の前に来る否定語を選ぶ問題では、No を選んでおくとよい。

鉄則6　名詞の直前の否定語には no を選ぶ

否定表現に関する注意

1. **none と nothing は名詞の直前に選ばない**
　none と nothing は、「ゼロのもの」という代名詞。名詞の前には来ない。

2. **none は人・物 (不可算を含む) を表すが、no one は人しか表さない**
　We can buy **no one** of the bags. …×
　We can buy **none** of the bags. …○（そのバッグのどれも買えない）

3. any を not の前に選ばない

否定文で any を使う場合、否定語が先に来る。
<u>Any</u> customers did <u>not</u> show up. …×
<u>No</u> customers showed up. …○（客は一人も来なかった）
There were <u>not</u> <u>any</u> customers. …○（客は一人もいなかった）

> 参考 not は全体性を表す語を部分的に否定する（部分否定）
> <u>Not</u> all employees attended the meeting.
> （従業員全員が会議に出たわけではない）
>
> not necessarily（必ずしもそうとは限らない）, not every（全部とは限らない）
> not always（いつもそうとは限らない）, not entirely（すべてとは限らない）

Exercises （　）に入る適切な語を選んでみよう。

1. (Not / No) profits are expected from the old line.
2. (One / Any) of the missing parts was not found.
3. There is (nothing / no) vehicle for the clerk to use.
4. (None / No) of the luggage has been claimed yet.
5. Cheap goods are (not / never) always a good choice.

解答

1. No（古い商品ラインには、利益は期待されていない）
文頭の Not が名詞の前に来るには、直後に a か one が必要。

2. One（行方不明の部品のひとつは見つからなかった）
否定文で any は not の前に来ない。

3. no（店員が使う車はない）
vehicle という名詞の前なので nothing は選べない。

4. None（どの荷物にも、持ち主が名乗り出ていない）
no は「ゼロの」という形容詞で、これだけでは「ゼロのもの」の意味にならない。

5. not（安い品物がいつもよい選択とは限らない）
always も never も頻度を表す言葉なので、このふたつが並ぶのはおかしい。部分否定を表す否定語は not。

Practice Test 2. 名詞を修飾する言葉

目標3分

問題を解くのに最小限必要な部分だけを見て、目標時間内に解いてみよう。

☐ 1. We need ------- information about participating in the bid.
(A) several
(B) much more
(C) a number of
(D) another

☐ 2. It is said that ------- business owners form corporations in order to protect personal assets from business creditors and claims.
(A) almost
(B) the most
(C) most of
(D) most

☐ 3. Since 2005 ------- new incidence of smallpox has been reported here.
(A) none
(B) any of
(C) no
(D) those

☐ 4. At the exhibition we have to be very hospitable, welcoming ------- visitors who have interest in, or questions about, our products.
(A) every
(B) fast
(C) them
(D) any

☐ 5. Lisa took over ------- routine jobs from the acting manager last week.
(A) some of
(B) not
(C) a number of
(D) much

解答欄

1. Ⓐ Ⓑ Ⓒ Ⓓ 2. Ⓐ Ⓑ Ⓒ Ⓓ 3. Ⓐ Ⓑ Ⓒ Ⓓ 4. Ⓐ Ⓑ Ⓒ Ⓓ 5. Ⓐ Ⓑ Ⓒ Ⓓ

☐ **6.** Judging from the awkward attitude of the shop clerk, she did not seem to have ------- knowledge about the products.
(A) enough
(B) little
(C) no
(D) each

☐ **7.** The violent hurricane caused serious damage to the area, destroying ------- more homes than the previous one did.
(A) much
(B) any
(C) few
(D) many

☐ **8.** The new lease will require the building owner to replace ------- ventilation system.
(A) the all
(B) the
(C) one of the
(D) much

☐ **9.** The company exported ------- barrels of oil last year and became the largest vendor in the country.
(A) millions of
(B) much
(C) many of
(D) a lot

☐ **10.** If the product comes into sudden contact with even ------- water, it can cause a chemical reaction.
(A) a little of
(B) a small amount of
(C) too
(D) a number of

Practice Test 2. 名詞を修飾する言葉　解答と解説

問題を解くときに見る必要があった部分が、🔍と同じかチェックしよう。

1. B　🔑　**much more は不可算名詞を修飾する**　　p.30
[訳]　その入札に参加するための、もっと多くの情報が必要だ。
[解説]　空所の直後の不可算名詞 information を修飾するのは (B) much more のみ。(A) several、(C) a number of、(D) another は可算名詞しか修飾しない。
🔍------ information

2. D　🔑　**most of の後には the が要る**　　p.32
[訳]　ほとんどの事業主は、ビジネス上の債権者や支払い請求から個人資産を守るために法人組織を作るといわれている。
[解説]　(A) almost は名詞の直前には選ばない。(B) most の前に the が付くのは、最上級を作るときだけ。(C) of の後に the が必要。「ほとんどの」の意味の (D) most が正解。
🔍------ business owners

3. C　🔑　**名詞の直前の否定語には no を選ぶ**　　p.35
[訳]　2005年以来、ここでは天然痘の新しい発症例は報告されていない。
[解説]　(A) の代名詞 none は「ゼロのもの」を表し、名詞は続かない。(B) any of の直後には the が必要。(D) those は単数形の名詞 incidence を修飾しない。残るのは (C) no。
🔍------ new incidence

4. D　🔑　**every は複数名詞を修飾しない**　　p.30
[訳]　展示会では、わが社の製品に興味や質問を持っていればどんな来場者も非常に愛想よく迎えなければならない。
[解説]　直後の名詞 visitors が複数形なので (A) every は不可。(B) fast では「速い来場者」となるが意味を成さない。(C) them では次の名詞に続かない。肯定文で「いかなる」の意味で使われる (D) any が正解。
🔍welcoming ------ visitors

5. C　🔑　**some of の後には the が要る**　　p.32
[訳]　リサは先週、部長代理からいくつかの通常業務を引き継いだ。
[解説]　(A) some of は、直後に the がないので不可。(B) not は直後に a や one を伴った強調表現でない限り、名詞を修飾しない。可算名詞 jobs を修飾するのは (D) much ではなく (C) a number of (いくつかの)。a number of の後には the がなくてもよい。
🔍------ routine jobs

6. A 🔑 **enough は可算・不可算どちらも修飾する** p.30

[訳] ぎこちない態度から判断すると、店員はその商品について十分な知識を持っていないようだった。

[解説] 直後の名詞 knowledge（知識）は不可算名詞なので (D) each は不可。前に否定語 not があるので、否定の意味が重複する (B) little と (C) no も外す。可算・不可算どちらも修飾する (A) enough が正解。

🔍 **did not ～ knowledge**

7. D 🔑 **many は可算名詞を修飾する** p.30

[訳] 激しいハリケーンはその地域に深刻な被害を与え、前回のハリケーンより多くの家屋を破壊した。

[解説] 「------- more A」は A が可算か不可算かで修飾語が決まる。ここでは、homes が可算名詞なので (A) much は不可。(B) any more（いかなるより多くの）、(C) few more（ほとんどより多くない）では意味を成さないので (D) many が残る。

🔍 **------- more homes**

8. B 🔑 **much は可算名詞を修飾しない** p.30

[訳] 新しいリース契約は、ビルの所有者に換気システムを交換することを求めている。

[解説] (A) 語順が all the でないと不可。(C) one of の後であれば system が複数形でなければならない。(D) much は可算名詞 system を修飾しない。特定の契約の特定のシステムの話なので定冠詞 (B) the が適切。

🔍 **------- ventilation system.**

9. A 🔑 **millions of の後は the は不要** p.33

[訳] その会社は昨年何百万バレルという石油を輸出し、国内最大の供給会社となった。

[解説] 直後の複数名詞 barrels を修飾するのは (A) millions of。(A) は概数なので of の後に the がなくてもよいが、(C) many of の後は the が必要。(D) a lot は、直後に of がないと名詞に続かない。

🔍 **------- barrels**

10. B 🔑 **an amount of は不可算名詞を修飾する** p.30

[訳] その商品は、ほんの少量の水に突然触れただけで化学反応を引き起こす。

[解説] (A) a little of の後にも the が必要。(C) too は副詞で名詞を修飾しない。(D) a number of は不可算名詞 water を修飾しない。従って、正解は (B) a small amount of。

🔍 **------- water,**

Day 2

3. 動詞の形
【ポイント7】**本動詞**
【ポイント8】**主語と動詞の対応**
【ポイント9】**受動態**

4. 時制と仮定法
【ポイント10】**時制**
【ポイント11】**仮定法**

Day 2　3. 動詞の形

【ポイント7】　本動詞　　　　　　　　　　　　　頻出レベル★★★★★

例題　選択肢を見てから、問題文を読んで答えを選んでみよう。

> Senator Rick Cool persuasively ------- his idea to protect local businesses.
> 　(A) explaining
> 　(B) be explained
> 　(C) to explain
> 　(D) explained

訳：リック・クール上院議員は、地場産業を守るための彼のアイデアを言葉巧みに説明した。

　選択肢にさまざまな形の動詞が並んでいたらまず、空所に本動詞（文の述語となり得る形の動詞）が必要かチェックする。ここでは、空所までに主語 Senator Rick Cool はあるが、動詞はない。空所の後ろにも、述語となるような動詞はないので、本動詞が必要だ。選択肢の中で本動詞になり得る形をしているのは (D) explained（説明した）[過去形] だけである。

正解：D

鉄則7　選択肢に形の異なる動詞が並んでいたらまず、
空所に本動詞が要るかどうかチェック

　本動詞になり得る形とは、例えば次ページのように、主語「I」の後に続けて文が成り立つものである。本動詞になり得る形となり得ない形を確認しておこう。

主語「I」の後に続けば本動詞

本動詞になり得る形
I <u>am writing</u> a letter.　…○　（私は手紙を書いている）
I <u>wrote</u> a letter.　…○　（私は手紙を書いた）
I <u>have written</u> a letter.　…○　（私は手紙を書いたところだ）
I <u>will write</u> a letter.　…○　（私は手紙を書くだろう）
★助動詞は、動詞の原形との組み合わせで本動詞になる。

本動詞になり得ない形
I <u>writing</u> a letter.　…×　現在分詞
I <u>be writing</u> a letter.　…×　be
I <u>written</u> a letter.　…×　過去分詞
I <u>to write</u> a letter.　…×　不定詞
I <u>will wrote</u> a letter.　…×　助動詞＋原形以外の動詞

長めの文では、主語＋動詞が２組あるかチェック！

　接続詞（that、becauseなど→p.82）や関係詞（which、who、whateverなど→p.109）があるときには、主語（S）と本動詞（V）が２組あるかを確認する。次の例文の×のものは、動詞の１つが本動詞ではないので誤り。

<u>We</u> <u>know</u> **that** <u>Ms. Trueman</u> **going** to quit her job soon. …×
　S₁　V₁　　　　S₂　　　　V₂
<u>We</u> <u>know</u> **that** <u>Ms. Trueman</u> **is going** to quit her job soon. …○
（われわれは、トルーマンさんがもうすぐ仕事を辞めることを知っている）

Because his <u>car</u> <u>broke down</u> so often, <u>Jeff</u> **to get** a new car. …×
　　　　　　S₂　V₂　　　　　　　S₁　V₁
Because his <u>car</u> <u>broke down</u> so often, <u>Jeff</u> **decided** to get a new one. …○
（彼の車は頻繁に故障するので、ジェフは新しい車を買うことにした）

The <u>customer</u> **who** <u>called</u> you yesterday **coming** here today. …×
　　S₁　　S₂　V₂　　　　　　　　　V₁
The <u>customer</u> **who** <u>called</u> you yesterday **will come** here today. …○
（昨日あなたに電話をしてきた客が、今日ここに来る）

　　calledはwhoの本動詞。customerに対応する本動詞はwill come。

Exercises　（　）に本動詞が要るかどうか判断して、適切な語句を選んでみよう。（全文の意味を取ろうとせず、文の構造に焦点を絞って考えてみよう）

1. Worldwide IT spending will surely (to increase / increase) to $1.3 trillion by next year.

2. Congress needs to act quickly (handles / to handle) the problem.

3. The key points in the budget proposal (fall / falling) into two categories.

4. The bank has compensated the bond investors victimized by thieves who (using / used) personal information in the bank's database to cash bonds.

5. Two electricians from the store (facing / were facing) the prospect of having to pay penalties because they were behind schedule.

解答
1. increase（世界の情報技術関連の支出は、来年までに確実に1.3兆ドルに増えるだろう）
will と組み合わせて本動詞を作る原形が正解。

2. to handle（その問題を処理するため、議会は素早く行動する必要がある）
本動詞は needs なので、（　）には本動詞以外の形が来る。

3. fall（予算提議書の主なポイントはふたつの分野に分かれる）
主語 points を受ける本動詞が必要。

4. used（銀行は、そのデータベースの個人情報を債権の現金化に使った犯人の被害者となった債権投資家に損害の補償をした）
who の後ろには必ず本動詞が続くが、ここでは動詞がないので、（　）には本動詞になり得る used が入る。

5. were facing（その店からの二人の電気技師は、予定が遅れたため罰金を支払わなければならない可能性に直面していた）
（　）には、主語 electricians の本動詞が必要。having to pay は本動詞になり得ない形であるし、because の後の were は they の本動詞。

【ポイント8】 主語と動詞の対応　　　　　頻出レベル★★★★★

例題 選択肢を見てから、問題文の色文字部分だけを見て答えを選んでみよう。

> The next training course for disaster site workers ------- on how to deal with hazardous chemicals.
>
> (A) being
> (B) are
> (C) is
> (D) will

訳：災害現場作業員のための次回研修は、危険化学物質の取り扱いに関してのものである。

　選択肢を見て、空所に入る適切な動詞の形を考える。空所の前後にはこの文の本動詞はないので、空所には本動詞が必要だ。本動詞になり得る形をしているのは、(B) are か (C) is である。このふたつの選択肢の違いは単数か複数なので主語を確認すると、単数の course となっている。従って、正解は単数の (C) is。直前の複数名詞 workers は主語ではないので注意しよう。

正解：C

鉄則 8　動詞を選ぶときには、主語が単数か複数かをチェック

　動詞を選択する問題では、例題のように主語と動詞の数の対応の判別がよく問われる。まず、**主語を見つけ**、次に、その**主語と対応する動詞の形を考え**よう。

主語の見つけ方

1. 主語は文の最初に出てくる名詞、もしくは名詞の代わりをするもの
The country imposes high tax.（その国は高い税金を課す）
　　主語

2. ただし、前に前置詞が来ていたら、主語は前から2番目の名詞になる
In that country people pay high tax.（その国では人々は高い税金を払う）
　　　　　　　主語

主語と動詞の対応8つの基本ルール

1. 主語が三人称単数のとき、一般動詞の現在形には -s が付く
Our company provides a lot of entertainment.
（わが社は多くの娯楽を提供している）

　★三人称単数とは、Iとyouを除く「ひとつ」「ひとりのもの」を指す。
　例）he, she, Tom, it, your bag, the country, my car など

2. 不可算名詞は単数扱い
The information in the books includes the patients' names.
（その本にある情報は、患者の氏名を含んでいる）

　主語が不可算名詞informationなので、動詞は三人称単数形で受ける。

3. There [is / are / was / were / has been / have been / had been] は、動詞の後の名詞に合わせる
There have been many breakthroughs in the industry this year.
（今年この業界では多くの大発見があった）

　動詞の後の名詞が複数形breakthroughsなので、動詞は has been ではなく have been。

4. 不定代名詞は単数扱い
Someone from headquarters is observing the fire drill.
（本社からの誰かが、火災訓練を見学することになっている）

　someoneなどの不定代名詞は単数扱い。次ページのリストで主な不定代名詞を確認しておこう。

主な不定代名詞

☐ everybody	☐ somebody	☐ anybody	☐ nobody
☐ everyone	☐ someone	☐ anyone	☐ no one
☐ everything	☐ something	☐ anything	☐ nothing

5. the number of B は単数、a number of B は複数

The number of car accidents in this city has been decreasing recently.
（最近、この町での自動車事故の数は減少してきている）

　　主語は単数名詞 number（数）なので動詞は has been decreasing になる。

A large number of car accidents have happened in the last year.
（ここ1年で多くの自動車事故が起きた）

　　この場合 a large number of は「多くの」という意味。主語は複数名詞 car accidents（自動車事故）なので、動詞は have happened になる。

6. [some / most / all / half] of A は A が単数か複数かで扱いが決まる

Some of the meat in the box was bad.
（箱の中にある肉のいくらかは腐っていた）

　　of の後の名詞 meat が不可算名詞なので、動詞は was。もし主語が Some of the apples なら、動詞は were になる。

7. (both) A and B は複数形

Promptness and kindness have been the key to our success.
（迅速さと親切がわが社の成功の鍵であり続けている）

　　名詞を and で結んで主語にした場合、それぞれの名詞が可算でも不可算でも、足し算の要領で複数扱いとなる。

8. 関係代名詞の後の動詞は先行詞の数に合わせる

The club welcomes anyone who is interested in astronomy.
（そのクラブは、天文学に興味がある人は誰でも歓迎している）

　　is の主語は直前の関係代名詞 who だが、who が指しているのは先行詞 anyone。不定代名詞 anyone に合わせて動詞は is になっている。

DAY2 3 動詞の形

Exercises　（　）の動詞の主語を見つけ、その主語と対応する形の動詞を選んでみよう。

1. Someone from your department (is / are) supposed to attend the hearing.

2. Most of our clients (operates / operate) their own businesses.

3. There (has / have) already been a number of complaints from parents about the new video game.

4. Both eating right and exercising regularly (helps / help) reduce excess weight.

5. All of the company's products are made of oil, which (is / are) mostly imported from Saudi Arabia.

解答

1. is（あなたの部署の誰かが、公聴会に出席することになっている）
主語の不定代名詞someoneは単数扱いなのでisが適切。

2. operate（われわれの顧客のほとんどが、自分自身の事業を運営している）
Most ofの後が複数名詞のclientsなので複数扱い。

3. have（新しいビデオゲームに関して、親からすでに多くの苦情が来ている）
There（　）beenの後ろの名詞はa number of complaints。動詞はcomplaints（苦情）という複数形に対応させるのでhaveが正解。

4. help（正しく食べることと定期的に運動することの両方が、余分な体重を減らすのに役立つ）
主語はandで結ばれているふたつの動名詞なので複数扱い。ちなみにhelpの後に来る不定詞のtoは省略されることが多い。ここではto reduceのtoが省略されている。

5. is（その会社のすべての製品は石油から作られており、その石油は主に、サウジアラビアから輸入されている）
whichの先行詞は不可算名詞のoilなので単数扱い。

【ポイント9】 受動態　　　　　　　　　　頻出レベル★★★★★

例題　選択肢を見てから、問題文の色文字部分だけを見て答えを選んでみよう。

> You should not use the statistics in your report unless a qualified person has ------- them.
> 　(A) corroborated
> 　(B) been corroborated
> 　(C) corroborating
> 　(D) corroborate

訳：適格者が証明したものでなければ、統計を報告書に使うべきではない。

　選択肢から動詞の問題だと分かる。空所の前にある has と続いて本動詞になる形は (A) と (B)。(A) と (B) の決定的な違いは (A) が能動態、(B) が受動態の形ということだ。主語から文の意味を考えてみると、「人がそれを証明する」という能動の意味が適切なので (A) が正解となる。

正解：A

　実は、この corroborate（確証する）の意味を知らなくても正解は導ける。主語と動詞の単語の意味が分からないときには、空所の直後を見て判断しよう。**直後に目的語となる表現（[代]名詞・名詞句・名詞節）が来ていたら、受動態 [be 動詞＋p.p.（過去分詞）] は答えではない可能性が非常に高い。**

鉄則9　空所の直後に名詞が来ていたら、受動態は選ばない

　選択肢に動詞のさまざまな形が並んでいるときは、①**本動詞の有無**、②**主語との対応のチェック**だけでは選択肢を絞りきれずに、③**意味から受身か能動かの判別**が必要になることも多い。ここで受動態の仕組みを理解し、鉄則9が成立する理由を確認しておこう。

受動態の意味と作り方

　受動態は「…される」という意味を表し、能動態の文の目的語（O）を主語（S）にして作られ、動詞は [**be動詞＋p.p.（過去分詞）**] の形になる。
（過去分詞はp.p.と略す。不規則変化動詞以外は、語尾が-edの形をしている）

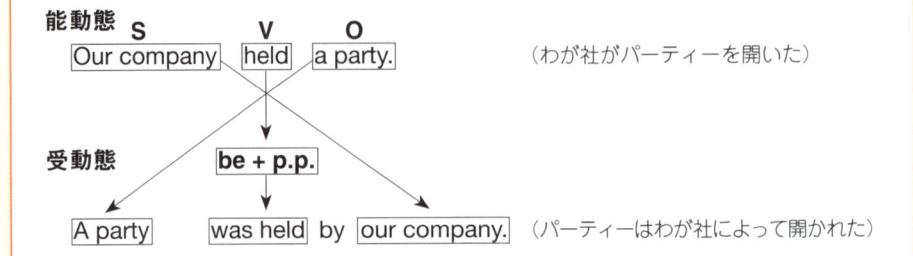

能動態
　　　S　　　　　V　　　　O
　　Our company | held | a party.　　　（わが社がパーティーを開いた）

受動態　　　　　be + p.p.

　　A party | was held | by | our company.　　（パーティーはわが社によって開かれた）

　このように、能動態の文の目的語は受動態の文の主語になるので、受動態の直後にはもう目的語（[代]名詞・名詞句・[that S＋V] や [疑問詞 S＋V] の名詞節）は続かない。だから、穴埋め問題の空所に動詞を選ぶ問題で、**空所の直後にbyやwithなどの前置詞もなく、何らかの名詞が来ていたら受動態は入らないのだ。**

★例外：目的語をふたつ取る動詞の場合はこの原則が当てはまらない。

目的語をふたつ取る動詞の場合、受動態の後にも名詞（目的語）が来る

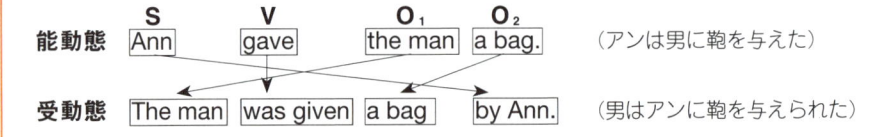

能動態　　S　　V　　　O₁　　　O₂
　　　　　Ann | gave | the man | a bag.　　（アンは男に鞄を与えた）

受動態　The man | was given | a bag | by Ann.　　（男はアンに鞄を与えられた）

　この例外に該当する動詞は、give、show、teach、send、tell など、目的語をふたつ取る動詞である。しかし、受動態と能動態の判別を問う問題で、この例外が絡んでくることはほとんどないので、意味から答えを選べないときには**鉄則9**を大いに活用してほしい。

受動態（be動詞＋p.p.）のbe動詞は、時制や主語に応じてさまざまな形になる。次の6つの形を覚えておこう。

受動態の形

1. 現在形・過去形の受動態 [is / are（was / were）＋ p.p.]
The park **is** clean**ed by** volunteers.（公園はボランティアによって清掃される）

2. 進行形の受動態 [be動詞＋ being ＋ p.p.]
The park **is being** clean**ed**.（公園は清掃されているところだ）

3. 助動詞の受動態 [can / may / will / must / should など＋ be動詞＋ p.p.]
The park **must be** clean**ed**.（公園は清掃されなければならない）

4. 完了形の受動態 [has / have / had been ＋ p.p.]
The park **has been** clean**ed**.（公園は清掃された）★

5. 不定詞の受動態 [to be ＋ p.p.]
The park needs **to be** clean**ed**.（公園は清掃されるべきだ）

6. 動名詞の受動態 [being ＋ p.p.]
The rain prevented the park from **being** clean**ed**.
（雨で公園の清掃が妨げられた）
（直訳：雨が公園を清掃されることから妨げた）

★注：**have been . . . -ing** と **have been . . . -ed** との混同に注意。
　　選択肢の中に例えばhave been cleaningのような形があると、**been**に惑わされるのか、これを受動態の形と錯覚してしまう人が多いので注意。受動態では動詞部分の最後が必ずp.p.（過去分詞）になっているはず。

DAY2
3
動詞の形

Exercises 能動態か受動態か、( )に入る適切な方を選んでみよう。

1. Sunny supermarket (introduced / was introduced) new cash registers.

2. All information which identifies the author should (remove / be removed).

3. If you make a payment after 3:00, we can only (acknowledge / be acknowledged) the payment the next day.

4. Netforus (has announced / has been announced) that its Communicator Standard Edition software will now be available to all users from July 1st.

5. The training program needs (to adapt / to be adapted) for each individual in the group.

解答

1. introduced（サニースーパーは新しいレジを導入した）
( )の直後に目的語になる名詞があり、原則的に受動態は続かない形になっている。意味の上でも能動態が適切。

2. be removed（著者を特定するような情報はすべて取り除かれるべきだ）
主語はinformationなので意味から、受動態が適切。

3. acknowledge（3時過ぎて支払いをすると、入金を確認できるのは翌日になる）
直後に目的語となる名詞があるので、受動態は避ける。意味の上でも能動態が適切。

4. has announced（Netforusは、同社のCommunicator Standard Editionソフトが7月1日からすべてのユーザーに開放されると発表した）
直後に目的語となるthat節が続いているので、能動態 has announced を入れてみる。意味も通るので能動態を選ぶ。

5. to be adapted（トレーニングプログラムはグループの個人個人に対応させる必要がある）
主語はprogramなので、意味から受動態が適切。

Practice Test 3.　動詞の形

`88:88` 目標 4 分

問題を解くのに最小限必要な部分だけを見て、目標時間内に解いてみよう。

☐ **1.** You should ------- your payment receipt in case you need to return your purchase.
　(A) retaining
　(B) retained
　(C) retain
　(D) have to retain

☐ **2.** Many consumer packaged goods companies expect ------- inventory by a third over the next several years.
　(A) reduce
　(B) to reduce
　(C) to be reduced
　(D) reduces

☐ **3.** Presentation files ------- prior to the meeting to allow the staff to prepare CDs for each session ahead of time.
　(A) submitting
　(B) submitted
　(C) submit
　(D) will be submitted

☐ **4.** The governor and industry leaders, including those of banking, ------- the state's growing real estate, housing, and construction industries.
　(A) discussing
　(B) will be discussed
　(C) are discussing
　(D) has discussed

☐ **5.** Some of the electricity generated in this power plant ------- to other states.
　(A) to sell
　(B) are sold
　(C) is sold
　(D) sell

解答欄
1. Ⓐ Ⓑ Ⓒ Ⓓ　2. Ⓐ Ⓑ Ⓒ Ⓓ　3. Ⓐ Ⓑ Ⓒ Ⓓ　4. Ⓐ Ⓑ Ⓒ Ⓓ　5. Ⓐ Ⓑ Ⓒ Ⓓ

☐ 6. Only senior citizens who have no family to take care of them can ------- for the public housing downtown.
　(A) applied
　(B) apply
　(C) be applied
　(D) applies

☐ 7. As there ------- no one in this branch who can speak French, the manager is going to hire a professional interpreter.
　(A) has to
　(B) have been
　(C) is
　(D) are

☐ 8. The authority has ordered the chemical plant to suspend operations because a dangerous amount of hazardous substance ------- illegally from its facility.
　(A) has been disposed of
　(B) were disposed of
　(C) disposing of
　(D) dispose of

☐ 9. The number of cancer patients to whom the newly developed medicine has proved to be effective ------- still limited.
　(A) are
　(B) is
　(C) to be
　(D) can

☐ 10. Disabled children should be admitted to this school; however different approaches need ------- to ensure they can participate in learning smoothly.
　(A) to use
　(B) used
　(C) have used
　(D) to be used

解答欄
6. (A) (B) (C) (D)　7. (A) (B) (C) (D)　8. (A) (B) (C) (D)　9. (A) (B) (C) (D)　10. (A) (B) (C) (D)

Practice Test 3. 動詞の形　解答と解説

問題を解くときに見る必要があった部分が、🔍と同じかチェックしよう。

1.　C　🗝 助動詞の後は原形　　　　　　　　　　　　　　　　　　　p.43
［訳］　購入物を返品する必要が生じた場合に備えて、領収書を保管しておくべきだ。
［解説］助動詞 should の後に来るのは原形なので (C) retain (保持する) か (D) have to retain (保持しなければならない) に絞られるが、have to ... (…しなければならない) では、should ... (…すべき) と意味が重複してしまうので不適切。従って、(C) retain が正解。
🔍 **should**

2.　B　🗝 空所に本動詞が要るかどうかチェック　　　　　　　　　　　 p.42
［訳］　多くの消費者用商品包装用品会社は、きたる数年間で在庫を3分の1削減する見込みである。
［解説］本動詞は expect があるので、本動詞になる (A) reduce (減らす) や (D) reduces は不可。主語 companies (会社) から考えると「在庫を削減する」となる能動の不定詞 (B) to reduce (減らすこと) が正解。「直後に名詞が来ていたら受動態は不可」(鉄則9) という点からも (C) to be reduced (減らされること) は不適切だと見抜ける。
🔍 **文頭〜inventory**

3.　D　🗝 動詞を選ぶときには、受身か能動かをチェック　　　　　　　 p.49
［訳］　プレゼンテーションのファイルは、スタッフが前もって各セッションのCDを準備できるよう会議に先立って提出されるだろう。
［解説］files が動詞だとすると「プレゼンテーションが提出する」となり意味を成さない。files は名詞で主語になっており、空所には本動詞が必要。主語の「ファイルは」から意味を考えると「提出される」という受身が適切なので (D) will be submitted が正解。
🔍 **文頭〜空所**

4.　C　🗝 動詞を選ぶときには、主語が単数か複数かをチェック　　　　 p.45
［訳］　知事と銀行業を含む経済界のトップたちは、州の成長しつつある不動産、住宅、建設産業について話し合っている。
［解説］空所に必要なのは本動詞なので、(A) discussing は即外す。主語 The governor and industry leaders が複数なので、(D) has discussed も不可。空所の後ろに目的語となる名詞が来ているので受動態の (B) will be discussed も外すと、(C) are discussing が残る。
🔍 **全文**

5.　C　🗝 some of A は A が単数か複数かで扱いが決まる　　　　　　p.47
［訳］　この発電所で発電される電気のいくらかは、他州へ売られている。
［解説］generated は electricity を修飾する過去分詞で本動詞ではない。従って、空所には本動詞になり得る (B)、(C)、(D) のどれかが入るが、Some

ofの後が不可算名詞electricityなので、単数形の動詞（C）is soldが正解となる。
🔍 全文

6. B 🔑 動詞を選ぶときには、受身か能動かをチェック　p.49
[訳] 世話をしてくれる家族がいない高齢の市民だけが、中心街の公共住宅に申し込むことができる。
[解説] 助動詞の後は原形なので、（B）applyか（C）be appliedのどちらか。主語citizensから考えると、能動態の（B）にしないと意味が通らない。
🔍 citizens ～ for

7. C 🔑 不定代名詞は単数扱い　p.46
[訳] この支店にはフランス語を話せる人が誰もいないので、部長はプロの通訳を雇うつもりだ。
[解説] there［is / are］構文は後ろの名詞に動詞を合わせる。ここでは不定代名詞no oneが来ているので、単数の（A）has toか（C）isが残るが、（A）を入れたhas to no one ...は、英語としてあり得ない形。従って正解は（C）。
🔍 there ------- no one

8. A 🔑 動詞を選ぶときには、主語が単数か複数かをチェック　p.45
[訳] その化学薬品工場から危険量の有害物質が違法に排出されていたので、当局は工場に操業停止を命じた。
[解説] becauseの後には必ず主語と本動詞が続くので、空所には本動詞が必要。a dangerous amount ofの後のhazardous substanceという不可算名詞に対応するのは、（A）has been disposed ofのみ。
🔍 because ～ 文末

9. B 🔑 the number ofは単数扱い　p.47
[訳] 新しく開発された薬の効果があると証明されたがん患者の数は、まだ限られている。
[解説] to whom ... effectiveはpatientsについての説明なので、ないものとして考えると分かりやすい。主語The numberから意味を考えると、「数は限られている」という受身なら意味が通る。the numberは単数扱いなので、（B）isが正解。
🔍 全文

10. D 🔑 動詞を選ぶときには、受身か能動かをチェック　p.49
[訳] 障害児童はこの学校に受け入れられるべきだ。しかし、彼らがスムーズに学習に参加できるよう異なった対処がなされる必要はある。
[解説] 本動詞needの後なので、（A）か（D）に絞られる。主語approachesから考えると、「方法が用いられる」という受身なら意味が通るので（D）to be usedが正解。
🔍 approaches ～ to ensure

Day 2　4. 時制と仮定法

【ポイント10】　時制　　　　　　　　　　　　　頻出レベル★★★★★

例題　選択肢を見てから、問題文の文構造を考えて答えを選んでみよう。

> The parts we need to fix the radiator ------- here early tomorrow morning.
> 　(A) arrived
> 　(B) will be arriving
> 　(C) to arrive
> 　(D) arrives

訳：ラジエーターを修理するために必要な部品は、明朝早々にここに着くだろう。

　選択肢から動詞の問題と判断し、文構造をチェックして、空所に本動詞が必要かどうかを考える。この文の前半はThe parts (which) we need to fix the radiatorの関係代名詞whichが省略された形だ。needはweに対する動詞であり、partsの本動詞ではない。また、空所の後ろには動詞がない。従って、空所には本動詞が必要だと分かる。本動詞になり得るのは(A)、(B)、(D)だが、主語partsが複数形なので三人称単数現在の-sが付いている(D)は即外せる。またearly tomorrow morningという未来を表す表現があるので、(A)の過去形は不適切。(B)だけが残る。

正解：B

鉄則10　動詞を選ぶときには、時を表す言葉を探して時制をチェック

　選択肢に本動詞になり得る形が複数あるときには、文中の「時」を表す言葉から最終判断をする問題も多い。ここで、時制のルールを整理しておこう。

時制 6 つの即効ルール

1. **will be . . . -ing は、単に未来に当然起こることを表す用法もある**
　　will be . . . -ing は未来における一時点の動作の進行を表し、「…しているところだろう」という意味しかないと思っている人が多いが、この例題のように、人の意思を含まない「単なる予定」を表すこともある。

2. **過去の一時点を表す文には、現在完了を選ばない**
　　現在完了［have / has ＋過去分詞（p.p.）］とは、過去の一時点で起きたことが「現在」にも影響を与えていることを示す時制である。従って、時を示す言葉は「現在」を含む表現でなければならず、**過去の一時点を表す言葉と一緒に使うことはできない。**

- **現在完了が使えない場合**（時を示す言葉が「過去の一時点」を表している）

Sue has been sick ✕	last year.	（去年）
	just two days ago.	（たった 2 日前）
	when her father died.	（父親が死んだ時）
	in the 90's.	（90 年代には）

- **現在完了が使える場合**（時を示す言葉が「現在」を含んでいる）

Sue has been sick ○ （スーは…病気だ）	recently / lately.	（最近）
	over the last few weeks.	（ここ数週間にわたって）
	for two days.	（2 日間）
	since Sunday.	（日曜日から）

3. **「for ＋期間を表す言葉」があるとき、現在進行形は選ばない**
　　現在進行形は、文中に「now」がなくても「今…している」という意味を表すので、「今」という「時点」を暗示しながら「…の間」という「期間」を述べるのはおかしい。現在完了形であれば正解となり得る。

The worker is operating the machine **for two hours**. …✕
The worker has been operating the machine **for two hours**. …○
（作業員は機械を 2 時間運転し続けている）

4. 「**by＋未来を表す言葉**」は、**will have p.p. を選ぶサイン**

　　未来完了は未来の一時点までの完了・継続を表し、「by＋未来を表す言葉」と一緒に使われることが多い。

　　Kate has finished her report **by the 11th**. …×
　　Kate will have finished her report **by the 11th**. …○
　　(ケイトは11日までに報告書を仕上げてしまっているだろう)

5. **that 節**の中で、**should** が省略された「**動詞の原形**」を選ぶとき

　　1) 要求や主張などを表す動詞の後のthat節の中

　　　　　require　　（要求する）
　　　　　suggest　　（提案する）
　　　　　demand　　（要求する）　　**that＋主語＋動詞の原形**
　　　　　request　　（要望する）
　　　　　insist　　　（主張する）
　　　　　recommend（勧める）

　　　Jack insisted that the store (should) **not charge** him.
　　　(ジャックは、その店は彼に代金を請求すべきではないと主張した)

　　2) 必要などを表す形容詞を使ったIt is . . . thatの後

　　　　　　　necessary　（必要な）
　　　　　　　essential　　（必須の）
　　It is　　natural　　　（当然の）　　**that＋主語＋動詞の原形**
　　　　　　　desirable　　（望ましい）
　　　　　　　imperative　（必須だ）

　　　It is imperative that any candidate (should) **apply** before the 10th.
　　　(いかなる応募者も10日までに申し込まなければならない)

6. 「時・条件」を表す副詞節では、will / would を含む選択肢は選ばない

副詞節（下記の例のような接続詞で始まるものが多い）の中では、未来形は現在形、未来完了形は現在完了形になる。

- ☐ when （…が〜する時）
- ☐ unless （もし…が〜なければ）
- ☐ whether（…が〜であろうとなかろうと）
- ☐ if （もし…が〜であれば）
- ☐ until （…が〜するまで）
- ☐ once （ひとたび…が〜すれば）

If it **will** be fine tomorrow, the party will be held outside. …✕
If it **is** fine tomorrow, the party will be held outside. …○
（もし明日晴れれば、パーティーは屋外で開かれるだろう）

Once you **will have** learned the skill, you will never forget it. …✕
Once you **have** learned the skill, you will never forget it. …○
（その技術はいったん覚えると決して忘れない）

Exercises　空所に入る適切な動詞の形を選んでみよう。

1. We predict that Win ----- about 85 million cars by the end of this year.
    (A) ships　(B) be shipped　(C) will have shipped　(D) shipped

2. The director of this film ----- documentaries for over 15 years.
    (A) producing　　　　(B) to produce
    (C) is producing　　　(D) has been producing

3. The Internet shop will ship the item you order as soon as it ------- the full amount of your payment.
    (A) receive　　　　(B) received
    (C) will receive　　(D) has received

4. The law requires that the contents of all food products ------- .
    (A) to label　(B) be labeled　(C) will be labeled　(D) labeled

5. In order to comply with the new city ordinance we ------- some of our electric wiring systems last month.
    (A) replaced　　　　(B) have replaced
    (C) should replace　(D) was replacing

解答

1. C （われわれは、Win 社は今年の年末までに約8500万台の車を出荷すると予測している）
未来の一時点the end of this yearまでに完了する動作を表すのは未来完了。

2. D （この映画の監督はドキュメンタリーフィルムを15年以上作り続けている）
本動詞になり得る (C) is producing、(D) has been producingのうち、「**for＋期間を表す言葉**」**と一緒に使えるのは現在完了**。このover . . .は「…にわたって」という期間ではなく、「…以上」という意味を表す。

3. D （そのネットショップは代金を満額で受け取り次第、注文品を発送する）
as soon as（…が〜し次第すぐに）は、「時」を表す副詞節を導く。「**時・条件」を表す副詞節の中では、未来のことでもwillは用いない**ので、(C) will receiveは不可。現在形の (A) receiveと現在完了形の (D) has receivedが残るが、主語itが単数形なので (D) が正解。

4. B （法律はすべての食品の中身を表示するよう定めている）
require（要求する）**に続くthat節中ではshouldが省略される**ので、それぞれの選択肢の前にshouldを入れて続くものを探すと、(B) be labeledしかない。

5. A （新しい市条例に適合するため、先月電気配線を一部を取り替えた）
last monthという過去を表す言葉があるので、現在完了の (B) have replacedは不可。(C) should replaceは現在か、これから先のことを表すので不適切。また、主語が複数形なので(D)was replacingも不適切。よって、(A) replacedが正解。

【ポイント11】 仮定法

頻出レベル★★★☆☆

> 例題 選択肢を見てから、問題文の色文字部分だけを見て答えを選んでみよう。

> If our estimate for the bid had been five percent lower, we ------- the contract.
> (A) won
> (B) can win
> (C) had won
> (D) might have won

訳：もしわれわれの入札価格が5パーセント低ければ、契約を取れたかもしれないのに。

　選択肢に動詞が並んでいて、**助動詞の過去形が含まれているときは、仮定法の問題の可能性が高い**。ここではif節の動詞が過去完了のhad beenになっているので、weの後の動詞はそれに対応するように、過去のことに対する結論を述べる形の［助動詞＋完了形］である（D）を選ぶ。（C）は過去完了なので、時制の点では対応しているように見えるかもしれないが、仮定法の結論の節の動詞部分はcould / might / wouldのどれかで始まるのが原則なので、ここでは正解とならない。

正解：D

　if節（条件節）か帰結節（結論の節）のどちらかの動詞部分が空所になっていたら、動詞の組み合わせに注意しよう。

> 鉄則11　**If . . . の文では、2つの動詞の形をチェック**

　仮定法とは現実と逆のことについて述べる言い方であり、どの時制について述べるかで動詞の形が決まる。仮定法に関してはそう複雑な問題は出ないので、次の基本的なルールをおさえておけば十分対応できる。

仮定法の即効ルール

if 節と帰結節の動詞の対応に注意して選ぼう！

どの時制に 対する仮定か	if 節の中の動詞	帰結節の中の動詞
現在・未来に 対する仮定	動詞・助動詞の過去形 **were、did、should** など	助動詞の過去形＋動詞の原形 **would / could / might ＋ do**
過去に対する仮定	過去完了形 **had p.p.**	助動詞の過去形＋完了形 **would / could / might ＋ have p.p.**

★注：帰結節の would、could、might については意味に微妙な違いはあるが、TOEIC でその違いを問われることはまずない。

1. 現在と未来に対する仮定

- **If** the controller should fail, it might stop the whole operation.
  （もしコントローラーが故障したら、すべての操業が止まるかもしれない）

  ★注：この should は「万一、ひょっとして」の意味を表す。仮定していることが起こる可能性がかなりあると話し手が感じているときは、帰結節で will や can、may などの助動詞の現在形が使われることもある。

- **If** our warehouse were bigger, we could have more stock.
  （わが社の倉庫がもっと大きければ、もっと在庫を持てるのだが）

  ★注：仮定法では、主語が何であれ be 動詞には were を使うのが正用だが、実際には単数の主語には was が用いられることもある。TOEIC でも was と were の使い分けを問うような問題はまずない。

2. 過去に対しての仮定

- Z Air might have gone bankrupt **if** it had not laid off so many employees.
  （Z 航空は多くの従業員を一時解雇していなければ、倒産していたかもしれない）

  ★注：if 節に would は使わないのが原則。特に if 節が後半に来ていると、帰結節だと錯覚してしまうことが多い。if 節の空所には would を含む選択肢を選ばないようにしよう。

  Z Air might have gone bankrupt **if** it would not have laid off so many employees. …✕

Exercises　空所に入る適切な動詞の形を選んでみよう。

1. If we had called the hotel two days earlier, we ------- made a reservation for the day.
   (A) had　　(B) could have　(C) could　　(D) would be

2. The old truck could be fixed if we ------- the discontinued parts.
   (A) may get　(B) could get　(C) had not　(D) would have got

3. If the device ------- break within one year, you will get a full refund.
   (A) will　　(B) would　　(C) were　　(D) should

4. The article might have been more persuasive if the author ------- added more supporting evidence.
   (A) had　　(B) would have　(C) were　　(D) has

5. If the laptop were a little smaller, it ------- put in the briefcase.
   (A) would　(B) had been　(C) could be　(D) may be

解答

1. B（もしホテルに2日前に電話していたら、その日の予約を取れたかもしれない）
if節が過去完了形なので、帰結節は［助動詞の過去形＋完了形］の(B)。

2. B（もしわれわれが生産中止の部品を入手できれば、その古いトラックは修理できるのに）
帰結節が前に来ている。(A) 現在形は、couldと対応しないので不可。(C) はhad notだけでは本動詞として不完全な形。(D) wouldはif節で使わないのが原則であるし、意味の上でもおかしい。(B)のみが適切。

3. D（もしその装置が1年以内に壊れたら、全額払い戻してもらえるだろう）
条件を表す節の中では(A) will、(B) wouldは不可。(C) wereはbreakと続かない。「万一」の意味を表す(D) shouldが残る。

4. A（もし筆者がもっと根拠となるような証拠を加えていれば、この記事はもっと説得力のあるものになったかもしれなかった）
帰結節が［助動詞の過去形＋完了形］なので、if節は過去完了形の(A)が適切。

5. C（そのノートパソコンがもう少し小さければ、そのブリーフケースに入るのだが）
if節の過去形と対応する帰結節の動詞の形は、［助動詞の過去形＋原形］の(C)。(A) では受動態にならないので意味の上で不可。

Practice Test 4. 時制と仮定法

目標5分

問題を解くのに最小限必要な部分だけを見て、目標時間内に解いてみよう。

☐ **1.** The Registrar's Office has already developed the plan for relocating some classes and ------- it in the near future to affected faculty and students.
  (A) circulated
  (B) will be circulating
  (C) are circulating
  (D) is circulated

☐ **2.** As long as the volatile matter is stored properly in a cool place, it ------- not be dangerous.
  (A) cannot
  (B) would
  (C) should have
  (D) will

☐ **3.** Last summer, due to the renovation project, the facilities ------- off limits to unauthorized personnel for two weeks.
  (A) were
  (B) have been
  (C) was
  (D) has to be

☐ **4.** Luckily the operator ------- the data before the computer crashed.
  (A) was able to save
  (B) can save
  (C) has saved
  (D) would have saved

☐ **5.** The doctor of the clinic center recommended that Mr. Clay ------- a respiratory disease specialist in the state hospital.
  (A) to see
  (B) is seeing
  (C) see
  (D) would see

解答欄
1. Ⓐ Ⓑ Ⓒ Ⓓ   2. Ⓐ Ⓑ Ⓒ Ⓓ   3. Ⓐ Ⓑ Ⓒ Ⓓ   4. Ⓐ Ⓑ Ⓒ Ⓓ   5. Ⓐ Ⓑ Ⓒ Ⓓ

6. The memorandum reads that the contractor ------- the new equipment by the end of next month.
(A) will be installed
(B) have installed
(C) was installing
(D) will have installed

7. It is necessary that each section leader ------- the management workshop next week.
(A) attended
(B) attending
(C) will attend
(D) attend

8. If the weather had not been so bad, more visitors ------- up for the exhibition.
(A) might had shown
(B) might shown
(C) would have shown
(D) shown

9. The pump system was invented in 2001 and since then ------- in various industries.
(A) has used
(B) was used
(C) has been used
(D) were using

10. We update our website as quickly as we can to minimize disappointment when goods ------- out at campaign price.
(A) have sold
(B) been sold
(C) was to have sold
(D) will sell

解答欄
6. (A) (B) (C) (D)　7. (A) (B) (C) (D)　8. (A) (B) (C) (D)　9. (A) (B) (C) (D)　10. (A) (B) (C) (D)

Practice Test 4. 時制と仮定法　解答と解説

問題を解くときに見る必要があった部分が、🔍と同じかチェックしよう。

1. B 🔑 **will be ... -ing は、未来に当然起こることも表す**　p.58
[訳]　教務課ではすでにいくつかの教室の移動計画を進めており、近々、影響を受ける講師と生徒へ連絡する予定である。
[解説]　選択肢はすべて本動詞になり得る形なので、まず主語をチェックする。主語は単数名詞の Office。(C) は複数形なので不可、(D) は受動態では意味もおかしいし、空所の後ろに目的語となる it が来ているところからも外せる。時制を考えると、in the near future（近い将来）という未来を表す表現があるので、過去形の (A) は不可。未来の予定を表す (B) が正解。
🔍 文頭〜future

2. D 🔑 **動詞を選ぶときは、時制をチェックする**　p.57
[訳]　その揮発性物質は、冷所で適切に保管されている限り危険はないだろう。
[解説]　選択肢と空所の直後を見たらすぐ否定語が重複する (A) cannot と、あり得ない形になる (C) should have は外せる。(B) と (D) の違いは時制だ。時制のヒントになるのは、As long as ...（…する限り）の後の動詞が現在形になっていること。ここから、仮定法でなく普通の未来形の (D) will を選ぶ。
🔍 文頭〜not be

3. A 🔑 **過去の一時点を表す文には、現在完了を選ばない**　p.58
[訳]　去年の夏、改装プロジェクトのため工場は 2 週間関係者以外立ち入り禁止だった。
[解説]　文頭に過去を表す Last summer があるので、(B)、(D) は不可。複数形の主語 facilities に対応する (A) were が正解。
🔍 文頭〜off

4. A 🔑 **動詞を選ぶときは、時制をチェックする**　p.57
[訳]　幸いにもオペレーターは、コンピューターがクラッシュする前にデータを保存することができた。
[解説]　before 以下が過去形なので、現在形の (B) と現在完了形の (C) は不可。if ... の節がないので、仮定法の動詞の形 (D) would have saved は不適切。従って、過去形の (A) was able to save が正解。
🔍 全文

5. C 🔑 **要求や主張を表す動詞の後の that 節中の動詞は原形**　p.59
[訳]　医療センターの医師はクレイ氏に、州立病院の呼吸器専門医に診てもらうよう勧めた。
[解説]　recommend（勧める）の後に続く that 節の中では should が省略されるので、(C) see が正解。
🔍 文頭〜空所

DAY2 4 時制と仮定法

6. D 🔑 「by＋未来を表す言葉」は、will have p.p. を選ぶサイン　　p.59

[訳]　覚書によると、請負業者は来月末までに新しい装置を設置してしまうだろう。

[解説] by the end of next month という未来の一時点までに行為が完了することを表す未来完了の (D) will have installed が正解。受動態の (A) は「contractor（請負業者）が設置される」というナンセンスな意味からも、空所の後に名詞が来ていることからもは外せる。　🔍 全文

7. D 🔑 必要を表す形容詞を使ったIt is . . . that の後の動詞は原形　　p.59

[訳]　各セクションのリーダーは、来週の経営セミナーに出席することが必須となっている。

[解説] It is necessary の後のthat 節中の動詞も should が省略された形が来るので (D) attend が正解。　🔍 文頭〜空所

8. C 🔑 If . . . の文では、2つの動詞の形をチェック　　p.62

[訳]　もし天気がそんなに悪くなければ、展示会にはもっと多くの来場者があっただろうに。

[解説]　選択肢に［助動詞の過去形＋完了形］、問題文にifがあれば仮定法の問題だと見当を付けて、両方の節の動詞の形を確認する。if節の過去完了形（had p.p.）に対応する形は (C) would have shown。　🔍 文頭〜 up

9. C 🔑 過去の一時点と現在がつながっていれば現在完了　　p.58

[訳]　そのポンプシステムは2001年に発明され、以来さまざまな産業で使用されてきている。

[解説] and の後ろには主語 system が省略されている。「system は使われる」と受け身に解釈すると意味が成り立つので、(B) was used か (C) has been used に絞られる。since then（そのときからずっと今まで）は、現在を含む時制を表すので、現在完了の (C) が正解。　🔍 文頭〜空所

10. A 🔑 「時・条件」を表す節では、will は使わない　　p.60

[訳]　キャンペーン価格の品物が売り切れたときに失望を最小限にとどめられるように、できるだけ早くウェブサイトを更新している。

[解説]　前半で現在のことを言っているので、when以下が過去形の (C) was to have sold ではおかしい。時・条件を表す節では will は使わないので (D) will sell は不可。未来完了 will have sold の will を取った形である、現在完了の (A) have sold が正解。ちなみに sell は主語が物でも受動態にせず、能動態のままで「（…が）売れる」という意味で用いられる。　🔍 文頭〜空所

Day 3

5. 代名詞
【ポイント12】代名詞の格
【ポイント13】代名詞の指すもの
【ポイント14】otherとanother

6. 接続詞
【ポイント15】接続詞と接続副詞
【ポイント16】接続詞と前置詞
【ポイント17】組で使われる表現

Day 3　5. 代名詞

【ポイント12】　代名詞の格　　　　　　　　頻出レベル★★★★☆

例題　選択肢を見てから、問題文の色文字部分だけを見て答えを選んでみよう。

> Public sector managers need to be able to base ------- decisions on clear and timely data which link costs to specific outputs.
> 　(A) they
> 　(B) their
> 　(C) them
> 　(D) theirs

3秒で解く！

訳：公営企業のマネージャーは、経費を具体的な成果に結び付けるような明確で時宜を得たデータに基づいて、自らの決定ができなければならない。

　代名詞の格を問う問題の典型的な選択肢である。空所の前後だけまず見てみよう。decisionsという名詞が続くのは、(B) their(彼らの)[所有格]しかない。(D) theirsは「彼らのもの」という意味の所有代名詞で、その後に名詞は続かない(noneと同じ→p.35)。この例題のように、全文の意味を取ろうとすると難しい問題文でも、代名詞の格の問題であれば、空所の後ろを見るだけで解けることが多い。3秒で処理できる問題だ。

正解：B

鉄則12　格が異なる代名詞の選択は、直後を見て決める

　ここで、代名詞の格の用法と形を確認しておこう。

代名詞の格

Exercises 空所を埋めて代名詞の格を確認しておこう。

		主格 〜は	所有格 〜の	目的格 〜を	所有代名詞 〜のもの	再帰代名詞 〜自身
単数		I	my	me	mine	myself
		you	your	you	yours	yourself
		he	his	him	(1)	(2)
		she	her	her	hers	herself
		it	(3)	it	its（まれ）	(4)
		Ben（人名）	Ben's	Ben	(5)	(6)
複数		we	our	(7)	ours	ourselves
		you	your	you	yours	(8)
		they	their	them	(9)	(10)

解答　(1) his　(2) himself　(3) its　(4) itself　(5) Ben's
　　　　(6) himself（女性の場合は herself）　(7) us　(8) yourselves
　　　　(9) theirs　(10) themselves

★注：(3) it's との混同に注意しよう。it's は it is もしくは it has の短縮形。

これも頻出

再帰代名詞（oneself）を使うとき

1.「自ら」という意味の強調
　　この場合 oneself がなくても文は成り立つ。
　The manager fixed the copier **himself**.（部長自らコピー機を修理した）

　★ by oneself は、「人の力を借りずに単独で」の意味のイディオム。
　The manager fixed the copier **by himself**.
　（部長は独力でコピー機を修理した）

2. 動作の主体と目的語が同じとき
　TOX Corp. has established **itself** as a leading telemarketing company.
　（TOX 社は、主要テレマーケティング会社として自らを確立した）
　established の主語（TOX Corp.）と目的語（itself）は同じもの。

Exercises （　）に入る適切な格の代名詞を選んでみよう。

1. The architect is well known for (he / his / him) design of the city hall.

2. The guests thanked the host for inviting (they / their / them).

3. You have to punch (you / your / yours) time cards every morning.

4. As all his colleagues have been concerned about the project, Dr. Otto is going to let (they / their / them) know about the current situation.

5. Both Ripple's president and (our / ours / us) attended the awards ceremony.

解答
1. his（その建築家は市庁舎の設計でよく知られている）
直後に名詞designが続くので所有格。

2. them（客たちは主催者に招待の礼を言った）
invitingの目的語になるので目的格が適切。

3. your（あなたは毎朝タイムカードを押さなければならない）
直後にある名詞time cardsに続くのは所有格のyour。yours（あなたのもの）の後ろに名詞は続かない。

4. them（すべての同僚がプロジェクトのことを気にかけてきたので、オットー博士は現状について彼らに知らせるつもりだ）
動詞letの目的語なので目的格が適切。letは［let＋A＋do（動詞の原形)］の形で「Aが…することを許す」という意味の使役動詞。

5. ours（リップルの社長とわが社の社長は共に授賞式に出席した）
presidentと並んでattendedの主語になり得る形はours（われわれのもの）しかない。このoursはour presidentを表す。

【ポイント13】 代名詞の指すもの　　　頻出レベル★★★☆☆

例題 選択肢を見てから、問題文の色文字部分だけを見て答えを選んでみよう。

> My fellow researchers and I would like to extend ------- appreciation
> for your full support of our adventurous project.
> 　(A) your
> 　(B) their
> 　(C) her
> 　(D) our

訳：私の共同研究者と私は、われわれの冒険的なプロジェクトに対する皆さんの全面的なご
　　支援に感謝を申し上げたいと存じます。

　選択肢の代名詞はすべて所有格なので、この代名詞が指している名詞を見つけて適切な語を選ぶ。extend（気持ちなどを伝える）の意味から、「…のappreciation（感謝）」は、「主語になる人物」の「感謝」であることが分かる。従って、代名詞は主語 My fellow researchers and I の所有格を表す (D) our が正解となる。

　　　　　　　　　　　　　　　　　　　　　　　　　　　正解：D

鉄則 13　格が同じ代名詞の選択は、指すものを見つけてチェック

　代名詞が指す名詞を見つけて、答えを選ぶ問題では、まず空所の前にある一番近い名詞から当たっていき、意味が通るかをチェックして、「物 or 人」「単数 or 複数」が対応する代名詞を選ぶ。

★注：指すものがない it, he, she は選ばない！
　　　上の例題で、「この文には出てきていない『ある女性の感謝』もあり得るだろうから (C) her も正解ではないか」、と考える必要はない。Part 5 では問題文中に、Part 6 でも問題個所に近い文中に代名詞が指すものが必ずある。

Exercises （　）に入る適切な代名詞を選んでみよう。

1. At the beginning of her speech, Ms. Kutcher introduced (them / her / herself) to the audience.

2. Please fill out the attached questionnaire and return (you / it / them) to us.

3. Mr. Willis reviewed more than 50 applications and called five applicants in to see (them / him / it).

4. NanoMaterial's researchers have developed a new quality control system and are going to offer (them / it / him) to many kinds of businesses.

5. All of the directors are invited to the president's retirement party along with (its / their / his) families.

解答

1. herself（スピーチの冒頭で、カッチャーさんは聴衆に自己紹介をした）
introduceの主語 Ms. Kutcher と目的語が同一人物なので再帰代名詞が適切。herがこの問題文に登場していない人物である可能性を考える必要はない。

2. it（添付のアンケートにご記入の上、それを私どもにお返しください）
（　）の前にある名詞はquestionnaireのみ。単数の「物」を指すのはit。

3. him（ウィリス氏は50通以上の応募書類に目を通し、5人の応募者に彼に会いに来るよう電話した）
直前の名詞はapplicantsだがto seeという動作の主体もapplicantsなのでseeの目的語が同じapplicantsであれば、themではなくthemselvesになる。意味からapplicantsが会いに行くのはMr. Willisなのでhimを選ぶ。

4. it（ナノマテリアル社の研究者は新しい品質管理システムを開発し、それを多種類の事業所へ提供するつもりだ）
前にある名詞systemは、［offer＋物＋to＋人・団体］（物を人・団体に提供する）の「物」に当てはまる言葉として適切。従って、systemを指すitが正解。

5. their（全重役は、家族とともに社長の引退パーティーに招待されている）
「（…の）家族たち」から、代名詞が指しているのは、複数の人間だと分かる。それに該当する名詞は、directorsのみ。よって、theirが正解。

【ポイント14】　otherとanother　　　頻出レベル★★☆☆

例題 選択肢を見てから、問題文を読んで答えを選んでみよう。

> As soon as Ms. Dolley heard of the vendor's bankruptcy, she began to look for ------- .
> 　(A) each other
> 　(B) either
> 　(C) other
> 　(D) another

訳：ドーリーさんは、納入業者の倒産を聞くとすぐ別の業者を探し始めた。

　(A) each otherでは「彼女がお互いを探す」となり意味を成さない。(B) eitherは「2つのうちのどちらか」を表すが、この文に「2つ」を指すものはない。(C) **other**は単数形のとき、**each**や**the**も前に付かずに単独で使われることはない。「また別の1つ」の意味になる(D) **another**が正解。

正解：D

鉄則14　単数形のotherは、単独では使わない

otherとanotherの判別はよく出題される。基本用法をしっかり確認しておこう。

注意したい代名詞

1. another：（不特定多数ある物の中の）ほかのどれか1つ
　　anotherは、an＋otherからできた語。不特定の単数を表す。
　If one plan fails, you should try **another** (one).
　（1つの計画が失敗した場合は、ほかを試してみるべきだ）

2. others：（不特定多数ある物の中の）ほかの複数のもの
　If one plan fails, you should try **others** (other plans).
　（1つの計画が失敗した場合は、ほかをいくつか試してみるべきだ）

3. the others : 3つ以上の特定の数が与えられているときの 残りのすべて
If one of the four plans fails, you should try **the others**.
（もし4つの計画のうち1つが失敗した場合は、ほかを全部試してみるべきだ）

4. the other : 2つ以上の特定の数が与えられているときの 最後の1つ
If one of the four plans fails, you should try another, then another and then **the other**.
（もし4つの計画の1つが失敗した場合は、もう1つ、それからもう1つ、そして、残りの［最後の］1つを試してみるべきだ）

★数が「2つ」の時にはthe otherを「もう片方」と訳す。
If one of the two plans fails, you should try **the other**.
（もし2つの計画の1つが失敗した場合は、もう片方を試してみるべきだ）

5. not ＋ either, neither : 2つとも…ない
We tried two plans, but we did **not** succeed in **either**.
We tried two plans, but we succeeded in **neither**.
（2つの計画を試したが、どちらもうまくいかなかった）

★neitherはnotとeitherが合わさったもの。否定語が含まれる。
★eitherが否定語のない文で使われるときは 選択（2つのうちどちらか）を表す。
There were two plans, and we could try **either**.
（計画は2つあり、私たちはどちらを試してもよかった）

6. each : おのおの、それぞれ
Each of the departments has to organize a volunteer group. …○
（おのおのの部署が、ひとつのボランティアグループを組織しなければならない）
　everyとeachはともに形容詞として名詞の前に付くことがあるが、代名詞としても使えるのは**each**だけである。
Every / Each department has to organize a volunteer group. …○
Every of the departments has to organize a volunteer group. …×

7. each other, one another
each other : 2者間での「お互いに」
The presidents of the two countries have known **each other** since 1990.
（その2国の大統領は1990年以来の知り合いである）

one another : 3者以上での間での「お互いに」
This software enables users to connect directly with **one another** to share files.
（このソフトによって、ユーザーは互いに直接接続してファイルの共有ができる）

Exercises （　）に入る適切な代名詞を選んでみよう。

1. Some shops are open until 11 p.m. while (other / others) close at 7 p.m.

2. Immediately after the manager solved a difficult problem, he had to face (the other / another).

3. The club members always exchange information about new technology with (one / each) another.

4. When the driver found trouble with one of the tires, he checked the (another / others) before starting his car.

5. When one of the pair has trouble with work, (the other / either) is supposed to help him or her.

解答
1. **others**（午後11時まで開いている店もあるし、7時に閉める店もある）
単数形のotherは、単独では使わない。some . . . others ～は組で使われ、「…するものもあれば、～するものもある」という意味を表す。

2. **another**（難問を1つ解決したらすぐ、マネージャーはまた別の問題に直面しなければならなかった）
初めに問題が2つとは特定していないので、「もう片方」を意味するthe otherは不可。数ある問題の中からの別のもう1つを表すanotherが正解。

3. **one**（クラブの会員たちは、新しいテクノロジーに関する情報を常に互いに交換している）
3者以上での間での「お互いに」を表すのはone another。

4. **others**（タイヤの1つに問題を見つけ、ドライバーは車を発進させる前に残りのタイヤもチェックした）
anotherは、an＋otherからできた語なので、前に冠詞が付くことはない。

5. **the other**（もし、ペアのうち1人が仕事で問題があるときは、もう片方が彼もしくは彼女を助けることになっている）
pairは2つから成る1組を表す。2人のうちの1人が失敗すればその相手は特定できるので、「どちらでも」のeitherではおかしい。

Practice Test 5. 代名詞

目標 3 分

問題を解くのに最小限必要な部分だけを見て、目標時間内に解いてみよう。

☐ **1.** The woman said that she was a relative of our manager and wanted to see ------- .
 (A) herself
 (B) them
 (C) himself
 (D) him

☐ **2.** Pleased with the success of the new store in the suburbs, the supermarket chain owner is planning to open ------- downtown.
 (A) other
 (B) any
 (C) another
 (D) neither

☐ **3.** The special issue features the interviews with longtime Internet users about the ways ------- online pursuits have changed over time.
 (A) they
 (B) their
 (C) them
 (D) theirs

☐ **4.** In order to get to know each of the trainees, Mr. Froid decided to train them -------.
 (A) themselves
 (B) them
 (C) himself
 (D) him

☐ **5.** The driver's and the witness's testimonies contradict ------- other.
 (A) each
 (B) with
 (C) either
 (D) an

解答欄
1. Ⓐ Ⓑ Ⓒ Ⓓ 2. Ⓐ Ⓑ Ⓒ Ⓓ 3. Ⓐ Ⓑ Ⓒ Ⓓ 4. Ⓐ Ⓑ Ⓒ Ⓓ 5. Ⓐ Ⓑ Ⓒ Ⓓ

☐ **6.** Ms. Lopez has successfully cut costs by as much as 50 percent since ------- was chosen as our CEO.
(A) it
(B) her
(C) she
(D) we

☐ **7.** Some volunteer workers and ------- are assigned to carry some construction materials from the neighboring state.
(A) we
(B) our
(C) their
(D) us

☐ **8.** Exhibitors are supposed to clear the booth of ------- exhibits before 6 p.m.
(A) it
(B) his
(C) they
(D) their

☐ **9.** The management and the union had a long talk, but ------- of them would compromise.
(A) either
(B) neither
(C) any
(D) one

☐ **10.** Employees should be given clear information on how ------- efficiency compares to others' and be required to act on the results.
(A) his
(B) its
(C) they
(D) their

解答欄
6. Ⓐ Ⓑ Ⓒ Ⓓ 7. Ⓐ Ⓑ Ⓒ Ⓓ 8. Ⓐ Ⓑ Ⓒ Ⓓ 9. Ⓐ Ⓑ Ⓒ Ⓓ 10. Ⓐ Ⓑ Ⓒ Ⓓ

Practice Test 5. 代名詞　解答と解説

問題を解くときに見る必要があった部分が、🔍と同じかチェックしよう。

1. D　🔑 **格が同じ代名詞の選択は、指すものを見つけてチェック**　p.73
[訳]　その女性はマネージャーの親類だと名乗り、彼に会いたがった。
[解説]　すべての選択肢がseeの目的語となり得る形なので、空所に来る代名詞が何を指しているかで判断する。wanted to seeの主語はthe womanを指すshe。「彼女が…に会いたがった」の…にあたる人物はマネージャーしか登場しないので、それを言い換えた(D) himが正解。wanted to seeの主体と目的語は別人なので再帰代名詞(A) herself、(C) himselfは不可。　🔍 **全文**

2. C　🔑 **単数形のotherは、単独では使わない**　p.75
[訳]　スーパーマーケット・チェーンのオーナーは郊外の新しい店の成功に気を良くして、商業地区にもう1つ開店する計画を立てている。
[解説]　(A) 単数のotherは前にtheもなく、後ろに複数名詞も来ない状態では使わない。(B)のanyでは「いかなる(店)も開く」となり意味が通らない。不特定のもう1つの(店)を表す(C) anotherが適切。前に「2つのもの」を表す表現がないので「どちらも開かない」の意味になる(D) neitherは不可。　🔍 **全文**

3. B　🔑 **格が異なる代名詞の選択は、直後を見て決める**　p.70
[訳]　特別号は、ベテランインターネットユーザーのネットの活用法が時を経てどのように変化してきたかについてのインタビューを特集している。
[解説]　格が異なる代名詞が並んでいるので、空所の直後を見る。後ろにあるon line pursuits（オンラインの追求［ネットの活用法］）という名詞を続けることができるのは所有格の(B) their。　🔍 **------ online pursuits**

4. C　🔑 **格が同じ代名詞の選択は、指すものを見つけてチェック**　p.73
[訳]　研修生の一人ひとりを知るために、フロイド氏は自ら彼らを教えることにした。
[解説]　themの直後に同じ格の(B) themと(D) himは続かない。(C) himselfなら、「フロイド氏自ら」となり、意味が通る。　🔍 **Mr. Froid〜文末**

5. A　🔑 **2者間での「お互いに」はeach other**　p.76
[訳]　運転者と目撃者の証言は互いに食い違っている。
[解説]　(B) withであれば、単数のotherが単独で使われることになってしまうので不可。2者間での「互いに」を表すには(A) eachが適切。
🔍 **全文**

6. C 🗝 **格が同じ代名詞の選択は、指すものを見つけてチェック** p.73
[訳] わが社のCEOに選出されて以来、ロペス氏は50パーセントものコスト削減に成功した。
[解説] 空所には主格が必要なので、目的格の(B) herは外す。文中で「CEOに選ばれた」の主語になれる人物は、Ms. Lopezしかいない。従って、正解はMs. Lopezを代名詞で表した(C) she。 🔍 全文

7. A 🗝 **格が異なる代名詞の選択は、直後を見て決める** p.70
[訳] 何人かのボランティアとわれわれは、建材を隣接州から運搬する仕事を割り当てられている。
[解説] some volunteer workersと並んで主語になっているので、主格の(A) weが正解。 🔍 文頭〜are

8. D 🗝 **格が同じ代名詞の選択は、指すものを見つけてチェック** p.73
[訳] 出品者は午後6時までに彼らの展示物をブースから撤去することになっている。
[解説] 空所の直後に名詞があるので(B) hisか(D) theirに絞られる。exhibits（展示物）の所有者は、exhibitors（出展者）なので、(D) theirが正解。文中にhisで表せるような名詞はない。clear A of Bは「AからBを取り除く」という意味。 🔍 文頭〜exhibits

9. B 🗝 **「2つとも…ない」はnot＋eitherもしくはneither** p.76
[訳] 経営側と組合は長い話し合いを持ったが、どちらも歩み寄ろうとはしなかった。
[解説] 文脈から、「労使は長らく話をした、しかし妥協しなかった」のようにbutの後は否定の意味になるはずだが、空所の後ろにnotがないので、「どちらも…しない」という否定の意味を含む(B) neitherが適切。themは、the management and the unionを指している。 🔍 全文

10. D 🗝 **格が同じ代名詞の選択は、指すものを見つけてチェック** p.73
[訳] 社員は彼らの能率が他者と比べてどうかということについて明確な情報を与えられるべきだ。その上で、その結果に基づいて行動することを求められるべきだ。
[解説] 「誰の能率か」を考える。employeesの能率であれば意味が通るので、(D) theirが正解。 🔍 全文

DAY3 5 代名詞

Day 3　6. 接続詞

【ポイント15】 接続詞と接続副詞　　　頻出レベル★★★★★

例題　選択肢を見てから、問題文を読んで答えを選んでみよう。

------- the management spent a considerable amount on advertising, the campaign did not appeal to consumers.
（A）But
（B）Nevertheless
（C）Although
（D）Because

訳：経営陣は宣伝にかなりの額を費やしたが、キャンペーンは消費者にアピールしなかった。

　選択肢に接続詞が含まれていて、空所が文頭にある問題だ。Part 5（短文穴埋め問題）でこのような問題が出たらまず、**文頭には来ない言葉**を外していこう。ここでは、(A) **But** と (B) **Nevertheless**（にもかかわらず）がそれにあたる。**これらは文頭に来て 2 つの節（主語＋動詞）をつなぐ働きがない**。(C)「…にもかかわらず」と、(D)「…なので」が残るので文意を考えると、「お金を使った」、「アピールしていない」という 2 つの節をつなぐには、逆接を表す (C) が適切であることが分かる。

正解：C

鉄則 15　文頭の空所には、Nevertheless、But、So、Or を選ばない

　例題は Part 5 の頻出パターンだ。最終的には文意を考える必要がある場合も多いが、形を見るだけで正解を導ける問題もある。また、形から選択肢を絞っておけば、意味を考える必要があるときでも迷いが少なくてすむ。まずは、接続詞の理解の基盤となる、文の構成要素を確認しよう。

文の構成要素

1. **文**：1つ以上の節から構成され、まとまった考えを表す。
2. **節**：まとまった意味を成す単語の固まりで [主語＋本動詞] を含む
3. **句**：　　〃　　　　　　　　　　　　 [主語＋本動詞] を含まない

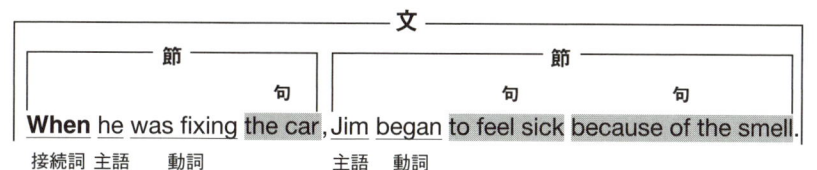

```
┌──────────────── 文 ────────────────┐
┌──── 節 ────┐┌──────── 節 ────────┐
        ┌句┐            ┌──句──┐┌──句──┐
When he was fixing the car, Jim began to feel sick because of the smell.
接続詞 主語  動詞         主語  動詞
```
（車を修理中、ジムは臭いで気分が悪くなってきた）

　これは次の文に書き換えられる。
Jim began to feel sick because of the smell **when** he was fixing the car.

　接続の働きをする語句の中には、このwhenのように、**文頭にも、節と節とのつなぎ目にも来ることができるもの**と、**文頭に置くと、後続の2つの節をつなげられなくなるもの**とがある。ここで文頭の空所に選べるものとそうでないものを整理しておこう。

文頭の空所に選ばない！

1. 接続副詞：節と節の間に来て、2つの節をつなぐ働きをする副詞
　　　　　　　　（普通の副詞のように動詞や形容詞を修飾しない）

☐ however（しかしながら）★　　　☐ therefore（それゆえに）
☐ besides（加えて）　　　　　　　☐ otherwise（さもなければ）
☐ furthermore / moreover（さらに）
☐ nevertheless / nonetheless（にもかかわらず）

Nevertheless Paul became sick, he continued to work hard. …✕
Paul became sick; **nevertheless** he continued to work hard. …○
（ポールは病気になった、にもかかわらず彼は懸命に働き続けた）

★注：howeverが譲歩表現で使われるときは、文頭に来ることもある。（→p.84、85）

DAY3
6
接続詞

2. 等位接続詞： 節と節の間に来て、2つの節を対等の関係でつなぐ接続詞

- ☐ but（しかし）
- ☐ and（そして）
- ☐ so（だから）
- ☐ for（なぜなら）
- ☐ yet（だが）
- ☐ or（もしくは、さもないと）

Yet you can use this car, you need to get permission first. …✕
You can use this car, **yet** you need to get permission first. …◯
（この車を使うことはできる、だがまず許可を得る必要がある）

★注：Part 6（長文穴埋め問題）では、接続副詞や等位接続詞が文頭に来ることもある。（→p.96）

文頭の空所に選べる！

従位接続詞：従属節の前に来て、主節とつなぐ接続詞

---
1 ）時を表す
- ☐ before（…する前） ☐ after（…した後） ☐ when / as（…する時）
- ☐ since（…して以来） ☐ while（…している間） ☐ until（…するまで）
- ☐ once（…するとすぐ） ☐ as soon as（…するとすぐ）

2 ）理由を表す
- ☐ because（…なので） ☐ since（…なので） ☐ as（…なので）

3 ）条件を表す
- ☐ if（もし…すれば） ☐ once（ひとたび…すれば）
- ☐ unless（もし…しなければ）

4 ）譲歩を表す
- ☐ although（…にもかかわらず） ☐ though（…にもかかわらず）
- ☐ while（…している一方で） ☐ however（たとえどんなに…しても）★

5 ）名詞節を導く
- ☐ that . . .（…であること）
- ☐ what / whether / why / how などすべての疑問詞

従位接続詞は、節が2つ以上ある文の文頭や文中で使う。

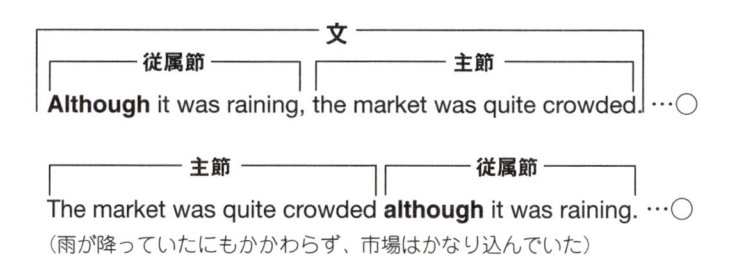

```
         ┌────────────── 文 ──────────────┐
         ┌──── 従属節 ────┐┌──── 主節 ────┐
         **Although** it was raining, the market was quite crowded. …〇

         ┌──── 主節 ────┐┌──── 従属節 ────┐
         The market was quite crowded **although** it was raining. …〇
```
(雨が降っていたにもかかわらず、市場はかなり込んでいた)

節が1つしかない文で使われることは決してない。

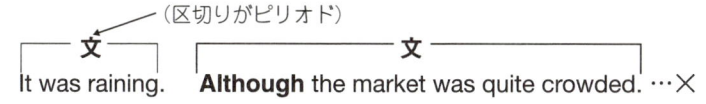

```
                  ┌(区切りがピリオド)
    ┌── 文 ──┐   ┌────── 文 ──────┐
    It was raining.   **Although** the market was quite crowded. …✕
```

★注：**文頭に来るhowever**（譲歩を表す従位接続詞）
　「どんなに…でも」の意味のhoweverは、文頭に来ることができる。「しかしながら」の意味のhowever（接続副詞：文頭に来ることはできない！）との違いに注意。譲歩表現のhoweverは、howeverの後に 形容詞か副詞 が来て［主語＋動詞］の語順になっている。動詞に might や could の助動詞 が使われていることが譲歩表現のサインとなる。

However hard he might work, Todd could never solve the problem.
（たとえどんなに頑張っても、トッドはその問題を解けないだろう）

DAY3
6 接続詞

これも頻出

本動詞の前の空所に接続詞を選ぶときは
and、but、or、yetのどれかを選ぶ

　and、but、or、yet の後は、前の節と共通の単語は省略されることが多く、接続詞の直後に動詞が来る形もあり得る。従って、本動詞の前の空所に入る接続詞は、この4語のいずれかしかないと覚えておこう。

　　　Paula moved to Chicago, **and** found a job.
　　　（ポーラはシカゴへ移って仕事を見つけた）
　andの後ろにはPaulaという主語が共通なので省略されている。

Exercises　空所に入る適切な語句を選んでみよう。

1. ------- researchers have long known about the disease, there has been debate about what causes it.
   (A) Nevertheless　(B) While　(C) So　(D) For

2. The total daily production capacity is estimated at 3,200 tons ------- actual production is probably less than that.
   (A) for　(B) still　(C) though　(D) so

3. Hello Search Bar is flexible ------- does not use any space you might need.
   (A) and　(B) or　(C) otherwise　(D) as long as

4. Nowadays ------- a business has no home page on the Web, it is unlikely to be successful.
   (A) though　(B) unless　(C) until　(D) if

5. ------- hard it may be, Ms. Lee will carry out the restructuring.
   (A) Although　(B) Moreover　(C) However　(D) So

解答

1. B（研究者たちはその病気については長く知っているが、それを引き起こす原因については論議があるところである）
文頭に来て2つの節をつなげられるのは、(B) Whileのみ。

2. C（実際は多分それより少ないが、最大日産量は3200トンと見積もられている）
(B) は副詞。接続詞の(A)「なぜなら」、(D)「だから」では文意が通らない。

3. A（ハローサーチバーは柔軟性があり、必要になるかもしれないスペースを奪わない）
(C)、(D) の後では主語は省略されない。(C) が普通の副詞と考えたとしても、空所の後に主語と接続詞がないので不可。主語の省略可能な接続詞(A)、(B)のうち、同じ方向性の文意をつなぐandが正解。

4. D（最近はウェブでホームページを持ってなければ、企業は成功しないようだ）
「もしHPを持ってなければ」の文意になるはずだが、後ろにnoがあるので、否定の意味を含むunlessは選ばず (D) のifを選ぶ。

5. C（それがどんなに困難であっても、リーさんはそのリストラを実行するだろう）
直後に [形容詞＋主語＋動詞] の語順が続くのは譲歩表現の (C) のみ。

【ポイント16】 接続詞と前置詞 頻出レベル★★★★★

例題 選択肢を見てから、問題文の色文字部分だけを見て答えを選んでみよう。

> Profits remain stable ------- sales have slightly decreased in the third quarter.
> 　(A) despite
> 　(B) even
> 　(C) though
> 　(D) with

3秒で解く!

訳：第3四半期の売り上げはわずかに落ちたが、利益は堅調なままだ。
　　(A)…にもかかわらず　(B)…でさえも　(C)…にもかかわらず　(D)…とともに

　選択肢に接続詞や前置詞が並んでいる場合はまず、空所の後ろに来ているのが「句」か「節」かをチェックする。ここでは、主語 sales（売り上げ）と本動詞 have decreased（減少した）から成る節が来ている。**節を続けることができるのは接続詞**(C)しかない。(A)、(D)は前置詞。**前置詞の後ろに来るのは句**であり、節は来ない。(B) even は普通の副詞で接続の働きはない。このパターンの問題は文構造さえつかめれば、意味は全く取らずに解ける。

正解：C

鉄則 16　後ろに句が来ていたら前置詞、節が来ていたら接続詞を選ぶ

Although the heavy rain, we went out. …×
　接続詞　　　句

Despite the heavy rain, we went out. …○
　前置詞　　　句

Despite it was raining heavily, we went out. …×
　前置詞　　　節

Although it was raining heavily, we went out. …○
　接続詞　　　節

（ひどい雨にもかかわらず、われわれは出掛けた）

DAY3
6
接続詞

接続詞と前置詞の判別で重要な語句

	前置詞	接続詞
…の間	during	while
…にもかかわらず	in spite of / despite	though / although
…のため（原因）	because of / due to	because

これも頻出

> **while** ...-ing、**although** ...-ed、**though** ...-ed、
> **if** ...-ed、**unless** ...-ed、**once** ...-ed、
> **until** ...-ed はOK！

　空所の直後に-ed（過去分詞）＊や-ingが続いていると、節ではないように見えるが、前置詞ではなく、接続詞を選ばなくてはいけない場合がある。分詞構文の接続詞が残った形と理解しておくとよい（→p.103 注3）。
＊この-edは過去形の-edではなく、過去分詞形であることに注意。

During working on the project, Ken met some excellent people. …✕
While working on the project, Ken met some excellent people. …○
（そのプロジェクトに取り組んでいる間に、ケンは素晴らしい人々に出会った）

★前置詞の後に動名詞-ingが続くこともあるが、duringは例外と覚えておこう。

Despite very **crowded**, the restaurant was pretty good. …✕
Although very **crowded**, the restaurant was pretty good. …○
（とても込んではいたが、そのレストランはかなり良かった）

★過去分詞は、前置詞に続く語句を締めくくることはできない。

Exercises （　）に入る適切な語句を選んでみよう。

1. (Because of / Because) the bad weather, the flight will be an hour late.

2. (Despite / Although) Plus Beverage has lost some of its share of the soft drink market, it does not plan to reduce production.

3. (During / While) renovating the guest house, the workers found some old works of art in the basement.

4. (Despite / If) asked, Mark would choose an MUX computer rather than a TOP.

5. (Without / Unless) additional funds, the project cannot be completed.

解答

1. **Because of**（悪天候のため飛行機は1時間遅れるだろう）
後ろにはthe bad weatherという句が続いているのでbecause ofが適切。

2. **Although**（プラス飲料は、ソフトドリンク市場における同社のシェアをいくらか落としたが、生産を減らす予定はない）
主語Plus Beverageと動詞has lostが続き、節になっているので接続詞。

3. **While**（ゲストハウスを改装中、作業員は地下室に古い芸術品を見つけた）
duringの後ろに...-ingは続かないので、whileが適切。

4. **If**（もし聞かれたら、マークはTOPよりもMUXのコンピューターを選ぶだろう）
前置詞despiteの後に...-edは来ない。if ...-edの形は正しい。

5. **Without**（追加予算なしではプロジェクトは完成しないだろう）
後ろに来ているのは句なので前置詞のwithoutが適切。

【ポイント17】 組で使われる表現　　　　頻出レベル★★★★★

例題 選択肢を見てから、問題文の色文字部分だけを見て答えを選んでみよう。

> If you need further information, you can contact ------- our customer service department or a sales representative.
> 　(A) neither
> 　(B) both
> 　(C) also
> 　(D) either
>
> 3秒で解く!

訳：より詳しい情報が必要でしたら、カスタマーサービス部もしくは営業部員にご連絡ください。

　選択肢にeither、neither、whether、bothが交じっていたらすぐ、空所の後ろを見て、andやorなど選択肢と組で使う表現を探す。例題のorと組で使う表現は、(D)のeitherしかない。このパターンは3秒で処理できる問題だ。

　　　　　　　　　　　　　　　　　　　　　　　　　　　　　正解：D

鉄則 17 　選択肢にeither、neither、bothがあったら、組になる表現をチェック

よく出題される、組で使われる表現

- either A or B　　　　　　　AかBのどちらでも
- neither A nor B　　　　　　AでもBでもない(→ p.76)
- both A and B　　　　　　　AとB両方とも
- whether A or B　　　　　　AかBか、AであろうとBであろうと
- not only A but (also) B　　　AだけでなくBも
- so [形容詞・副詞] that [主語＋動詞]　　あまりに…なので〜だ
- such [(形容詞)＋名詞] that [主語＋動詞]　　あまりに…なので〜だ

Exercises （ ）に入る適切な語句を選んでみよう。

1. Eating less is good not only for your health ------- also for your economy.
   (A) and　　(B) but　　(C) nor　　(D) also

2. Some products fit the descriptions of ------- cosmetics and drugs.
   (A) both　　(B) whether　　(C) between　　(D) as well as

3. As a new part-timer, Amy is eligible for ------- paid leaves nor bonuses.
   (A) either　　(B) too　　(C) whether　　(D) neither

4. You have to pay contributions to this pension plan ------- you have any income or not.
   (A) either　　(B) both　　(C) whether　　(D) when

5. Mr. Hendric's presentation was ------- impressive that the client decided to sign the contract in no time.
   (A) such　　(B) too　　(C) very　　(D) so

解答

1. B（小食であることは健康に良いだけでなく節約にもなる）
not onlyと組になるのは (B)。

2. A（化粧品と薬品のどちらの説明にも該当する製品がある）
空所の後ろのandと組になるのは (A) か (C)。空所の前に前置詞ofがあるので、同じく前置詞のbetweenは続かない。従って (A) が正解。

3. D（新人アルバイトなので、エイミーは有給もボーナスも取得する資格がない）
norと組になるのは、(D) のneitherのみ。

4. C（この年金プランは、収入があろうとなかろうと掛け金を払わねばならない）
後ろにあるorと組み合わせて使うのは (A) と (C)。**whetherは2つの節を接続する働きがあるが、either**にはないので、(C) whetherが正解。

5. D（ヘンドリック氏のプレゼンテーションはとても良かったので、客はすぐ契約書にサインすることを決めた）
後ろにあるthatと結びついて、原因・結果を表す構文を作るのは (A) か (D)。thatの前が形容詞になっているので (D) のsoが残る。

Practice Test 6. 接続詞

目標5分

問題を解くのに最小限必要な部分だけを見て、目標時間内に解いてみよう。

☐ **1.** To get to headquarters you can take ------- the subway or the bus.
(A) neither
(B) rather than
(C) not only
(D) either

☐ **2.** ------- the merger is expected to bring about a significant reduction in costs, implementing the necessary cuts to the operations is never easy.
(A) Even
(B) Nevertheless
(C) Although
(D) With

☐ **3.** The server seemed to be connected ------- did not respond at all.
(A) when
(B) but
(C) therefore
(D) nor

☐ **4.** If the patient needs stitches, they should be kept clean and dry ------- removed.
(A) until
(B) because
(C) before
(D) furthermore

☐ **5.** ------- the service industry will grow four times as quickly, manufacturing will experience the lowest growth of all sectors.
(A) If
(B) While
(C) Once
(D) However

解答欄
1. Ⓐ Ⓑ Ⓒ Ⓓ   2. Ⓐ Ⓑ Ⓒ Ⓓ   3. Ⓐ Ⓑ Ⓒ Ⓓ   4. Ⓐ Ⓑ Ⓒ Ⓓ   5. Ⓐ Ⓑ Ⓒ Ⓓ

☑ **6.** ------- the control program, the country's population has continued to rise.
 (A) Although
 (B) Due to
 (C) Yet
 (D) In spite of

☑ **7.** The interviewer did not say ------- Mr. Coen should call him or wait for his call.
 (A) either
 (B) whether
 (C) both
 (D) for

☑ **8.** The directors were given ------- short notice that some of them could not rearrange their schedules for the meeting.
 (A) so
 (B) very
 (C) by
 (D) such

☑ **9.** ------- stamped and addressed correctly, mail will not be delivered.
 (A) Unless
 (B) When
 (C) Once
 (D) Despite

☑ **10.** -------the walls had been reinforced, our Miami warehouse was not damaged in the hurricane.
 (A) So
 (B) Since
 (C) Because of
 (D) Though

解答欄
6. Ⓐ Ⓑ Ⓒ Ⓓ 7. Ⓐ Ⓑ Ⓒ Ⓓ 8. Ⓐ Ⓑ Ⓒ Ⓓ 9. Ⓐ Ⓑ Ⓒ Ⓓ 10. Ⓐ Ⓑ Ⓒ Ⓓ

Practice Test 6.　接続詞　解答と解説

問題を解くときに見る必要があった部分が、🔍と同じかチェックしよう。

1. D　🔑 **eitherと組で使われるのはor**　p.90

[訳]　本部に行くには、地下鉄かバスのどちらも利用できる。

[解説]　選択肢にneitherやeitherがあるので、空所の後ろを見て組になる表現を探すとorが見つかる。orと組になるのは (D) either。(B) は A rather than Bで「BでなくてA」の意味。　🔍 ------- **the subway or**

2. C　🔑 **文頭の空所にNeverthelessを選ばない**　p.82

[訳]　合併でかなりのコスト削減の実現が見込まれるものの、経常費に対して必要な削減を行うことは決して容易でない。

[解説]　選択肢に前置詞や接続詞が交じっているので、まず文構造をチェックする。空所には the merger is ... と implementing ... is ... の2つの節をつなぐ働きをする接続詞が必要。(A) Even は副詞、(D) With は前置詞なので不可。(B) Nevertheless は文頭に来て 2つの節をつなげられない。従って、(C) Although が正解となる。　🔍 **全文**

3. B　🔑 **本動詞の直前の接続詞はand、but、or、yetのどれか**　p.85

[訳]　サーバーは接続されているようだが、全く反応しなかった。

[解説]　空所の直後には動詞が来ている。選択肢の中で、主語が省略された形で動詞を続けることができるのは (B) but のみ。ちなみに、否定の意味を含む (D) nor は後ろに not があるという点だけでも外せる。　🔍 **空所〜文末**

4. A　🔑 **until . . .-edの形はOK**　p.88

[訳]　患者が縫合を必要とする場合、縫合糸は除去されるまで清潔で乾燥した状態に保たれなければならない。

[解説]　直後に過去分詞が続くことができるのは (A) until のみ。(B) because と (D) furthermore の後ろには主語と動詞が必要。(C) before は、接続詞のときには主語と動詞が必要。前置詞のときには、後ろに -ing が続くことはあっても -ed の形が来ることはない。　🔍 ------- **removed.**

5. B　🔑 **whileには「一方で」の意味もある**　p.84

[訳]　サービス産業が4倍のスピードで成長する一方で、製造業は全部門の中で最低の伸びになるだろう。

[解説]　(A)、(B)、(C) とも、文頭に来ることができるので意味を考える。サービス産業と製造業とを対比し、「一方で」の意味を表す (B) が適切。　🔍 **全文**

6. D 🔑 **後ろに句が来ていたら前置詞を選ぶ** p.87

[訳] 管理プログラムにもかかわらず、その国の人口は上昇し続けている。

[解説] 空所の後ろには句が来ているので、前置詞（B）Due to と（D）In spite of に絞られる。「control（制御、管理）に反して、人口が増加した」となれば意味が通るので、（B）「制御のせいで増えた」ではなく、「制御にもかかわらず増えた」となる（D）In spite of が正解。　🔍 全文

7. B 🔑 **either に 2 つの節を接続する働きはない** p.91

[訳] 面接官はコーエン氏から電話をかけるべきか、面接官からの電話を待つべきかを言わなかった。

[解説] 空所の後ろを見て、選択肢と組になるような表現を探すと or が見つかるので、（A）either と（B）whether に絞られる。interviewer did not say という節と Mr. Coen 以下の節との間に来る言葉として適切なのは、2 つの節を接続する働きのある whether。　🔍 文頭〜 or

8. D 🔑 **組で使われる表現 such . . . that の . . . には名詞** p.90

[訳] あまりに急に伝えられたので、重役のうち何人かはその会合のために予定を再調整することができなかった。

[解説] 空所の後ろにある that と組になる表現は、（A）so か（D）such。so . . . that と such . . . that の判別は、that の前の品詞に着目する。ここでは、名詞 notice（通知）なので、名詞を修飾する（D）such が正解。
　🔍 空所〜 that

9. A 🔑 **unless . . . -ed は OK** p.88

[訳] 正しく切手が貼られ、住所が書かれてないと郵便物は配達されない。

[解説] 直後に過去分詞 -ed が続けられるのは（A）Unless、（B）When、（C）Once。文意から「…しない限り」の意味を表す（A）が正解。　🔍 全文

10. B 🔑 **because of の後に節は来ない** p.88

[訳] 壁を補強してあったので、われわれのマイアミにある倉庫はハリケーンでの被害を免れた。

[解説] Part 5（短文穴埋め問題）では、文頭の空所に（A）So を入れることはできない。後ろに節が来ているので前置詞の（C）Because of も不可。文意から、理由を導く（B）Since が正解。ちなみに、since が理由を表すのは、接続詞として使われているときのみ。前置詞として使われているときは、「…以来」の意味しか表さない。　🔍 全文

要注意！

Part 6では、neverthelessが文頭に来ることもあり得る！

　節と節の間に来て、2つの節をつなぐのが、接続副詞（neverthelessなど）と等位接続詞（andやbutなど）だ。問題文が1つの文であるPart 5の場合、空所が文頭にあっても、問題文とつなぐべき節が問題文の前に存在しないので、neverthelessやandを自動的に正解から外すことができる（鉄則15）。

　しかし、Part 6は複数の文から成り立つ文章中での穴埋め問題なので、ピリオドで終わっている**前文との意味のつながりを示すときには、and や but** などの等位接続詞や、**nevertheless** などの接続副詞が文頭に来る可能性もある。次のPart 6の出題例を見てみよう。

We sent you an e-mail about the delivery of our order two weeks ago. ------- we have still not heard from you yet.

（2週間前に注文の出荷に関してのメールを送った。だがまだ連絡はない）

　ここでは空所が文頭にあるが、「だが」の意味を表すHoweverやNevertheless、Butなどがこの空所に来ることはあり得る。「われわれは……メールを送った」という前の文と「まだ返事を受け取っていない」という後ろの文とを意味の上でつなげる働きをしているからだ。（ちなみに、althoughとthoughは節が1つしかない文では使えないので、この例の空所に来ることはできない。→p.85）

　Part 6では、鉄則15「文頭の空所には、Nevertheless、But、So、Orを選ばない」が当てはまらないケースもあると覚えておこう。

Day 4

7. 分詞
【ポイント18】...-ing（現在分詞）と
　　　　　　...-ed（過去分詞）
【ポイント19】分詞構文

8. 関係詞
【ポイント20】関係代名詞の選択
【ポイント21】thatとwhat
【ポイント22】whichとwhere

Day 4　7. 分詞

【ポイント18】　. . .-ing（現在分詞）**と. . .-ed**（過去分詞）　頻出レベル★★★★☆

例題　選択肢を見てから、問題文の色文字部分だけを見て答えを選んでみよう。

> All the supporters of the candidate were excited at the ------- result of the election.
> 　(A) surprise
> 　(B) surprising
> 　(C) surprised
> 　(D) surprisingly

3秒で解く!

訳：候補者の支持者は全員、驚くべき選挙結果に興奮した。

　空所に入るのは名詞 result を修飾する形容詞なので、(A) 動詞、(D) 副詞は外し、形容詞の働きをする分詞の (B) と (C) に絞る。. . .-ing（…している）か. . .-ed（…された）かは、**分詞が修飾している名詞**（例題では result）から考えて、どちらか意味が通る方を選ぶ。ここでは、「結果が（人を）驚かせている」（能動）であれば意味が成り立つので、(B) の surprising が正解。(C) の surprised（受身）だと無生物である「結果」が「驚かされた」というナンセンスな文になってしまう。ちなみに、分詞が修飾する名詞はほとんどの場合、分詞の後ろにある名詞だ。

正解：B

鉄則 18

> **分詞が修飾する名詞から意味を取り、**
> **「…している」だったら. . .-ing、**
> **「…された」なら. . .-ed を選ぶ**

　ここでは、分詞の用法の中でも TOEIC でよく狙われる「. . .-ing（現在分詞）と. . .-ed（過去分詞）の使い分け」をしっかり押さえておこう。

分詞の種類

- 現在分詞 [...-ing]「…している」 能動、進行の意味
- 過去分詞 [...-ed]「…された」 受身、完了の意味
  （過去分詞はp.p.と略す。不規則変化動詞以外は、語尾が-edの形をしている）

...-ingと...-ed (p.p.) の判別の仕方

1. **分詞の直前か直後に名詞があるとき**（分詞はその名詞を修飾している）
   →分詞が修飾している名詞から「…している」か「…された」かを考える

   Repeated mistakes by clerks upset customers.
   （店員の度重なるミスは客を怒らせた）
   「ミスは繰り返される」。受身の意味なので...-ed。

   The man smoking over there is our manager.
   （向こうでたばこを吸っている男性がわれわれのマネージャーだ）
   「男性はたばこを吸っている」。能動の意味なので...-ing。

2. **分詞の直前にも直後にも名詞がないとき**
   →文の主語から「…している」か「…された」かを考える

   This book is exciting.（この本は面白い）
   　直訳は「本が（人を）興奮させている」。能動の意味なので...-ing。

   We are excited by this book.（私たちはこの本に興奮している）
   　直訳は「私たちはこの本によって興奮させられている」。
   受身の意味なので...-ed。

これは覚える！

分詞の問題によく出る動詞

　exciteの意味を「興奮させる」でなく、「興奮する」という不正確な訳語で覚えていると、受身か能動かが判別しにくい。TOEICに頻出する、分詞の元となる動詞の意味を確認しておこう。

- ☐ fascinate（魅了する）
- ☐ impress（印象づける）
- ☐ confuse（混乱させる）
- ☐ encourage（勇気づける）
- ☐ embarrass（当惑させる）
- ☐ please（喜ばせる）
- ☐ interest（興味を持たせる）
- ☐ disappoint（失望させる）
- ☐ satisfy（満足させる）

DAY4
7
分詞

Exercises （　）に入る適切な形を選んでみよう。

1. The director was (pleasing / pleased) to win the contract.

2. The parts (needing / needed) to repair the machine are out of stock.

3. We'll never forget this (embarrassing / embarrassed) experience.

4. The gallery manager realized how (fascinating / fascinated) visitors were by the paintings.

5. Consumers found the new VIVI cola (disappointing / disappointed).

解答

1. pleased（重役は契約を取れて喜んだ）
主語director（重役）は「喜ばされている」ので、受身の...-edが適切。

2. needed（機械を修理するのに必要な部品が品切れだ）
分詞が修飾する名詞partsから意味を考える。部品は「必要とされている」ので、受身の...-edが正しい。

3. embarrassing（この恥ずかしい経験を決して忘れないだろう）
分詞が修飾する名詞experienceから考える。経験は（人を）「当惑させている」ので、能動の...-ingが正しい。

4. fascinated（画廊支配人は、来客がその絵にいかに魅了されているかが分かった）
how以下は、「visitors were (　)」の (　) 部分が前に来た感嘆文。来客がいかに「魅了されている」か、という受身の意味になるので、...-edが適切。

5. disappointing（消費者にとって、VIVIコーラは期待外れだった）
[find A＋B]（AがBだと分かる）の構文では、Aから意味を考える。A（cola）は（人を）「がっかりさせる」ので、能動の...-ingが適切。これと同じような構文に、[consider＋A＋B]（AをBと考える）、[make＋A＋B]（AをBにする）がある。[find＋A＋B] と同じく、Aから意味を考えてBの形が...-ingと...-edのどちらになるかを決める。

【ポイント19】 分詞構文

頻出レベル★★★☆☆

例題 選択肢を見てから、問題文の色文字部分だけを見て答えを選んでみよう。

------- in 2001, *the Book* of *English Folk Songs* is now available to be checked out at almost any library in the country.
（A）Publishing
（B）Published
（C）Having published
（D）Being publishing

3秒で解く!

訳：2001年に出版され、*the Book of English Folk Songs*は今や、その国のほとんどどんな図書館でも貸りられる。

　文頭に来る動詞を選ばせる問題で問われるのは、「分詞構文」の用法だ。まず、**文の主語から、分詞で表される動作が受身か能動かを考える**。ここでは主語はBookなので、「本」から考えると「出版される」という受身が適切。（A）は能動、（C）も能動の完了形、（D）は実際は使われない形だが能動の進行形になっている。従って、正解は唯一受身の形をしている（B）Published。Bookの後ろを読む必要はない。分詞構文の問題は、解き方の基本さえ知っていれば、3秒で答えを選べる。

正解：B

鉄則 19
文頭に...-ingか...-edを選ぶ問題では、文の主語から意味を取って受身か能動か判断する

　...-ingか...-ed（過去分詞）の形で始まる構文を分詞構文と呼び、**その分詞の主体となる言葉はコンマ以下に続く文（主節）の主語**である。この文の主語から意味を取って、能動であれば...-ing、受身であれば...-edの形になる。分詞構文の仕組みを理解し、鉄則19が成立する理由を確認しておこう。

分詞構文の成り立ち──「取って、取って...-ing」のリズムで作る

1. 能動態の文から作る

Because he designed nice houses, Mr. Sato got a lot of clients.
（素晴らしい家を設計したので、佐藤氏は多くの顧客を獲得した）

- Step 1 接続詞を**取る**
  ~~Because~~ he designed nice houses, Mr. Sato got a lot of clients.

- Step 2 主語が同じものであれば、主語を**取る**
  （この場合he = Mr. Satoだからheを取る）
  ~~Because he~~ designed nice houses, Mr. Sato got a lot of clients.

- Step 3 最初の動詞を...-**ing**にする（ほかは何も変えない）
  Designing nice houses, Mr. Sato got a lot of clients.

従って、Designingの主体となる言葉は文の主語のMr. Satoであり、Mr. Satoから考えると「佐藤氏は家を設計する」という能動の意味になるので、...-ingになっている。

2. 受動態の文から作る

Because it was designed by Mr. Sato, the house became famous.
（佐藤氏によって設計されたので、その家は有名になった）

- Step 1 接続詞を**取る**
  ~~Because~~ it was designed by Mr. Sato, the house became famous.

- Step 2 主語が同じものであれば、主語を**取る**
  （この場合it = the houseだから、itを取る）
  ~~Because it~~ was designed by Mr. Sato, the house became famous.

- Step 3 最初の動詞を...-**ing**にする（ほかは何も変えない）
  Being designed by Mr. Sato, the house became famous.

このBeingは省略されるのが一般的なので最終的には次の形になる。
Designed by Mr. Sato, the house became famous.

Designedの主体となる言葉は、文の主語the houseであり、the houseから考えると「家は設計される」という受身の意味になるので...-ed（過去分詞）になっている。

分詞構文の形と意味

能動	-ing..., 主語＋動詞	(主語から考えて) 能動の意味
	Having -ed (p.p.)..., 主語＋動詞	(主語から考えて) 能動の意味で完了形
受身	-ed (p.p.)..., 主語＋動詞	(主語から考えて) 受身の意味
	Having been -ed (p.p.)..., 主語＋動詞	(主語から考えて) 受身の意味で完了形

★注1：分詞構文が主節（主語＋動詞）の後ろに来ることもある。

★注2：完了形の分詞Having p.p.やHaving been p.p.は、時制がひとつ昔であることを表す。実際にはあまり使われないが、選択肢に混じることもある。しかし、実際のテストで正解を選ぶ際に必要とされるのは、受身か能動かの判別なので、完了形の分詞か単純な形の分詞かを問うような問題はまずない。

★注3：while、when、though、until、unless、ifなどの接続詞は分詞構文の前に残ることもある（→p.88）。

While walking along the street, Frank came up with a good idea. …○
（道を歩きながらフランクは良い考えを思いついた）

Though made in 1970, the film is still remembered by many people. …○
（1970年に作られたが、その映画はまだ多くの人々の記憶に残っている）

ただし、becauseは不可。
Because designing nice houses, Mr. Sato got a lot of clients. …×

これは覚える！

分詞構文からできたイディオム
これらは分詞の主体となる言葉が文の主語とは異なるが、一般的な人が主語なので結局は省略されて独立したイディオムになったものである。理屈なしで覚えておこう。

☐ judging from...（…から判断して）　☐ including...（…を含んで）
☐ according to...（…によると）　☐ concerning...（…に関して）
☐ considering...（…を考えれば）　☐ given...（…とすれば）

Exercises　（　）に入る適切な形を選んでみよう。

1. (Built / Building) in 1910, the light house is still in operation.

2. (Judged / Judging) from his accent, James may come from the South.

3. The fire burned down scores of houses, (leaving / left) more than one hundred people homeless.

4. Though (having left / having been left) ten minutes behind the schedule, the flight arrived at the destination on time.

5. Beautifully (wrapping / wrapped), the packet looked very appealing.

解答

1. Built（1910年に建てられたが、その灯台は今も稼働中である）
文の主語の light house から考えると、「灯台は建てられる」という受身の意味になるので過去分詞が適切。

2. Judging（アクセントから判断すると、ジェームズは南部出身のようだ）
judging from ... は「…から判断すると」という意味のイディオム。

3. leaving（火事は多くの家を焼き尽くし、100人以上の人々が家を失った）
分詞構文が後ろに来た形。主語は fire で「火事が（人々を家のない状態に）置き去りにする」という能動の意味になっているので現在分詞が適切。left を過去形と解釈しても、その場合は and などの接続詞が必要になるので不可。

4. having left（10分遅れで出発したが、フライトは目的地に時間どおりに着いた）
flight（文の主語）は、「出発される」のではなく「出発する」ので、能動の having left（完了形の分詞）が適切。

5. wrapped（美しく包装され、その包みはとても魅力的に見えた）
packet（文の主語）は、「包まれる」という受身で表すのが適切。

★注：問題4、5のように、分詞の前に接続詞が残ったり、分詞を修飾する副詞が付くこともあるが問題を解く際の考え方に影響はない。

Practice Test 7. 分詞

問題を解くのに最小限必要な部分だけを見て、目標時間内に解いてみよう。

☐ **1.** ------- through the desert, tourists can enjoy magnificent scenery.
(A) Drive
(B) To drive
(C) Driven
(D) Driving

☐ **2.** The customer got even more ------- because of the clerk's irrelevant explanation about the store's refund policy.
(A) confusing
(B) confuse
(C) confusion
(D) confused

☐ **3.** The recycling program ------- by the non-profit organization contributed greatly to reducing an ever growing amount of garbage.
(A) operate
(B) operating
(C) operated
(D) to operate

☐ **4.** Residential inventory has shrunk, from 35,000 last month to the ------- figure of 21,000 at present.
(A) encourage
(B) encouraging
(C) encouraged
(D) encouragement

☐ **5.** ------- with Meg's performance, Mr. Bond offered her a permanent position.
(A) Satisfy
(B) Satisfied
(C) Satisfactory
(D) Satisfying

解答欄
1. Ⓐ Ⓑ Ⓒ Ⓓ   2. Ⓐ Ⓑ Ⓒ Ⓓ   3. Ⓐ Ⓑ Ⓒ Ⓓ   4. Ⓐ Ⓑ Ⓒ Ⓓ   5. Ⓐ Ⓑ Ⓒ Ⓓ

☐ **6.** The professors were ------- with the clinical trials conducted by the institute.
　(A) impressively
　(B) impressing
　(C) impressed
　(D) impression

☐ **7.** Although the number of subscribers to *Your Economy* increased slightly, the management still considered the result of the campaign -------.
　(A) disappoint
　(B) disappointing
　(C) disappointingly
　(D) disappointed

☐ **8.** LVIX's business-oriented machines, ------- workstations and laptops, are generally compatible with other manufacturers' models.
　(A) including
　(B) to include
　(C) included
　(D) include

☐ **9.** It would be ------- to ask the client to extend the deadline again.
　(A) embarrass
　(B) embarrassing
　(C) embarrassingly
　(D) embarrassed

☐ **10.** The documents ------- for reimbursement of transportation or other expenses are listed in the charts below.
　(A) requirement
　(B) required
　(C) requiring
　(D) require

解答欄

6. Ⓐ Ⓑ Ⓒ Ⓓ　7. Ⓐ Ⓑ Ⓒ Ⓓ　8. Ⓐ Ⓑ Ⓒ Ⓓ　9. Ⓐ Ⓑ Ⓒ Ⓓ　10. Ⓐ Ⓑ Ⓒ Ⓓ

Practice Test 7. 分詞　解答と解説

問題を解くときに見る必要があった部分が、🔍と同じかチェックしよう。

1. D 🔑 **分詞構文の判別は文の主語から意味を取る**　p.101

[訳] 砂漠を走り抜けて行くときに、旅行者は壮大な景色を楽しむことができる。

[解説] 分詞構文を問う問題。文の主語から、(C) Driven (driveの過去分詞形) か、(D) Drivingのどちらが適切かを考える。「旅行者が運転する」という能動であれば意味が通るので(D)が正解。ちなみに、(A) Drive (運転しろ) では命令文になり、touristsの前に接続詞andやorが必要となるので不可。(B) To drive (運転するために) では、文意が成立しない。

🔍 全文

2. D 🔑 **「…している」なら...-ing、「…された」なら...-ed**　p.98

[訳] 返金規則についての店員の的を射ない説明に、客はいっそう混乱した。

[解説] gotは「得た」の意味では目的語を取るが、「混乱を得た」とは言わないので名詞の(C) confusionは不可。このgotは次に補語が来て「…になった」の意味で使われている。主語のcustomer (客) から考えると「…のせいで客が混乱させられた」という受身の意味になる(D) confusedが適切。

🔍 文頭〜because of

3. C 🔑 **「…している」なら...-ing、「…された」なら...-ed**　p.98

[訳] 非営利団体で運営されているリサイクルプログラムは、増え続けるごみを減らすことに大いに貢献した。

[解説] 本動詞としてはcontributedがあるので、本動詞の(A) operate (運営する) は不可。空所に入る言葉は、直前の名詞programを修飾している。この名詞から意味を考えると、「プログラムは運営される」という受身が適切なので、正解は(C) operated。

🔍 文頭〜greatly to

4. B 🔑 **「…している」なら...-ing、「…された」なら...-ed**　p.98

[訳] 住宅在庫は、先月の3万5000件から現在の2万1000件という励みとなる数字まで減少した。

[解説] theと名詞figure (数字) の間には形容詞の働きをする言葉が来るので、(B) encouraging (励みとなる) か(C) encouraged (励まされた) が残る。「数字は(人)を励ます」という能動が適切なので(B)が正解。

🔍 the ------- figure

DAY4
7
分詞

5. B　🔑 **分詞構文の判別は文の主語から意味を取る**　p.101
[訳]　メグの仕事ぶりに満足したので、ボンド氏は彼女に正社員待遇を提示した。
[解説]　文の主語「ボンド氏」は「満足させられる」という受身で表すのが適切なので、(B) Satisfied が正解。
🔍 文頭～ Mr. Bond

6. C　🔑 **「…している」なら...-ing、「…された」なら...-ed**　p.98
[訳]　教授たちはその研究所が行った臨床試験に感嘆した。
[解説]　空所には主語 professors（教授）の補語が必要なので、副詞の(A) impressively（印象的に）は不可。名詞の(D) impression（印象）も外れる。「教授は印象」では意味が成立しない。形容詞の働きをする(B) impressing（感銘させる）、(C) impressed（感銘させられた）が残る。ここでは「教授は感銘させられた」という受身が適切なので、(C) が正解。
🔍 文頭～ with

7. B　🔑 **[consider A＋B] は A から意味を考える**　p.100
[訳]　*Your Economy* の予約購読者の数はわずかに増えたが、幹部はなおキャンペーン結果は期待外れだと考えている。
[解説]　[consider＋A（目的語）＋B（補語）] で「A を B と考える」の意味。この構文では A から意味を取る。ここでは A は、result（結果）。「結果は（人を）失望させる」という能動であれば意味が通るので(B) disappointing が正解。
🔍 the management ～文末

8. A　🔑 **including... は「…を含んで」を表すイディオム**　p.103
[訳]　ワークステーション、ノートパソコンを含む LVIX の業務用機器は、全般的に他社製品と適合する。
[解説]　本動詞は are なので(D) include は不可。不定詞の(B) to include では意味を成さない。後ろに名詞を続けて「…を含んで」という能動の意味を表す(A) including が正解。
🔍 文頭～ are

9. B　🔑 **「…している」なら...-ing、「…された」なら...-ed**　p.98
[訳]　顧客に締め切り延期を再び頼むのは面目ないことだ。
[解説]　It は to ask 以下を指しているので、「…することは（人）を当惑させる」という能動の意味になる(B) embarrassing が正解。
🔍 文頭～ client

10. B　🔑 **「…している」なら...-ing、「…された」なら...-ed**　p.98
[訳]　交通費その他経費の払い戻しに必要な書類は下の表に列挙してある。
[解説]　「…のために必要とされる書類」という受身の意味になる(B) required が正解。requiring...（…を必要としている）のように、require を能動で使うときには、直後に目的語となる名詞が必要になることからも(C) requiring、(D) require は外せる。
🔍 文頭～ are

Day 4 8. 関係詞

【ポイント20】 関係代名詞の選択 頻出レベル★★★☆☆

例題 選択肢を見てから、問題文の色文字部分だけを見て答えを選んでみよう。

> The advertisement is for a three-day workshop for account executives ------- have just started their careers.
> 　(A) which
> 　(B) whose
> 　(C) those
> 　(D) who

訳：その広告は、この仕事を始めたばかりの営業担当者を対象とした3日間のセミナーに関するものだ。

　空所の前は主語 advertisement と動詞 is から成る節になっている。また、空所の後も本動詞 have started があることから節になることが分かる。関係代名詞は節と節をつなげられるが、代名詞にはその働きがないので、(C) those は外せる。あとは関係代名詞の先行詞と格から選択肢を絞り込んでいく。先行詞の account executives（営業担当者）は「人」を表すので、「物」を表すwhich は不可。格については、空所の直後に動詞が続いているので、主格（主語になる形）が必要だと分かる。従って、who が正解。

正解：D

鉄則 20　関係代名詞を選ぶときは、先行詞と格をチェック

　関係代名詞とは2つの節を**接続する**（関係させる）働きを兼ね備えた**代名詞**。選択肢に関係代名詞と普通の代名詞があるとき、**空所に接続の要素が必要であれば、普通の代名詞は外して**関係代名詞の中から正解を絞り込む。ここで、関係代名詞の使い方を整理しておこう。

関係代名詞の種類と格

関係代名詞の格は、「文中での働き」によって決まる。

先行詞	主格	所有格	目的格
人	who	whose	whom
物	which	whose	which
何でも	that	whose	that

★注：whomの代わりにwhoが使われることも多い。

関係代名詞節の成り立ち

関係代名詞を使って、次の2つの文を1つにしてみよう。

（その本はよく売れている）　　　（私はそれに興味を持っている）
The book is selling well.　　　I am interested in it.

Step 1 2つの文に共通の要素を見つける
The book is selling well.　　　I am interested in it.
ここでは共通の要素はThe bookとit。
前の文の名詞The bookが先行詞となる。

Step 2 後ろの文（関係詞節）の（代）名詞を適切な関係代名詞で表す
The book is selling well.　　　I am interested in which
ここでは先行詞が「物」かつ、前置詞の目的語なのでwhich。

Step 3 関係代名詞が文の後ろにあるときには、その文の先頭に持ってくる
The book is selling well.　　　which I am interested in.

Step 4 関係代名詞で始まる文を先行詞の直後に持ってきて完成
The book which I am interested in is selling well.
The book in which I am interested is selling well. ★
（私が興味を持っている本はよく売れている）

★前置詞を関係代名詞の前に持ってきてもよい。

関係代名詞を絞り込む、3つのチェックポイント

次のCheck 2までの基本的なポイントだけで選べる問題も多いが、Check 3までしっかり理解しておくとどんな問題にも対応できる。

Check 1. 先行詞を見つけて 人か物か を見分ける

先行詞は直前にある名詞。それで意味がしっくりこなければ少しずつさかのぼって、適切な名詞を探していく。そのとき**関係代名詞の後の動詞が単数か複数かがヒントになる**(→p.47)ことが多い。

⬇

Check 2. 格 をチェックする

関係詞節の中でその関係代名詞が主格、所有格、目的格のどの働きをしているかチェックする。★**次に動詞が来ていたらとにかく主格**。

⬇

Check 3. 関係詞の前に 前置詞 が要るかどうか考える

格の選択に迷ったり、前置詞が絡んできたりすると戸惑うというときは、2つの文に分けて考えると分かりやすい。次の例題で試してみよう。

前置詞＋whichはこう取り組む！

次の例題を解いてみよう。
　　Dr. Son led the session, ------- Lisa taped his speech.
　　(A) which　　(B) whom　　(C) during which　　(D) that

Step 1 文を2つに分ける
Dr. Son led the session.
------- Lisa taped his speech.

Step 2 空所に先行詞を入れる
Dr. Son led the session.
The session Lisa taped his speech.

Step 3 この先行詞を後ろの文の適切な場所にはめ込む
Dr. Son led the session.
Lisa taped his speech during the session.

前置詞がないとthe sessionをはめ込めないので、前置詞が付いている (C) during which が正解となる。

（問題文の訳：ソン博士がその講座を行い、その間リサは彼のスピーチを録音した）

関係代名詞4つの即効ルール

1. 次の場合thatはまず候補から外す
1) カンマ (,) の後にあるとき
We hired a designer, **that** turned out to be very competent. …✕
We hired a designer, **who** turned out to be very competent. …◯
（われわれは設計士を一人雇ったが、彼はとっても有能だと分かった）

[(,)＋関係詞]で補足的説明を導く。この用法にthatは用いない。

2) 前置詞の後にあるとき
The book in **that** I am interested is selling well. …✕
The book in **which** I am interested is selling well. …◯
（私が興味を持っている本はよく売れている）

2. whichの所有格もwhose

whoseは先行詞が**物**でも使えるということをしっかり覚えておこう！

We scrap any car **whose** current market value is too low.
（われわれは、現行の市場価値が低すぎる車は廃車にする）

3. 関係代名詞の目的格は省略可

We merged with the company (**which**) Mr. Crow used to work for. …○
　　　　　　　　　　　　　　　目的格

（クロウ氏がかつて働いていた会社を合併した）
　ここではwhichは省略可。

★ただし、主格と所有格の関係代名詞は省略不可。
We merged with the company ＿＿＿＿ specialized in pumps. …×
We merged with a company **which** specialized in pumps. …○
　　　　　　　　　　　　　　主格

（われわれはポンプを専門としている会社を合併した）

4. whichever、whomever、whoeverの判別はeverがないときと同じ

関係詞にeverが付くと「…は何でも」のように意味が強調される。

Please lend the DVD to anyone who wants to watch it. …○
　　　　　　　　　　　　　∥
Please lend the DVD to whoever wants to watch it. …○
（このDVDを見たい人には誰にでも貸してあげてください）

「…へ」を表すtoの後ろだからといってwhomeverを使うことはできないので注意。

Please lend the DVD to whomever wants to watch it. …×
　　　　　　　　　　　　　∥
Please lend the DVD to anyone whom wants to watch it. …×

★注：…everには先行詞が含まれているので、前に先行詞となる名詞は要らない。［代名詞＋関係詞］に置き換えて考えてみると分かりやすい。
　　whoever ＝ anyone who
　　whomever ＝ anyone whom
　　whichever ＝ anything which

Exercises 空所に入る適切な語句を選んでみよう。

1. The news reporter ------- made up a false story was fired.
   (A) which　　(B) who　　(C) whose　　(D) whom

2. Sawyer has applied to a company ------- products are very popular among young people.
   (A) which　　(B) who　　(C) that　　(D) whose

3. The supplier ------- we depend for most of our office supplies always offers us a 20 percent discount.
   (A) on that　　(B) whom　　(C) on whom　　(D) those

4. We installed some expensive equipment, ------- broke down just in two weeks.
   (A) it　　(B) that　　(C) who　　(D) which

5. Anyone ------ the guests bring will be welcome at our party.
   (A) which　　(B) that　　(C) whose　　(D) whomever

解答

1. B (作り話をでっち上げた記者は解雇された)
先行詞は直前の名詞のreporterで「人」なので、「物」を先行詞とする(A) whichが消える。(B) who、(C) whose、(D) whomの中で適切な格を選ぶ。空所の直後に動詞が来ているので、主語になる形である主格の(B)が適切。

2. D (ソーヤは、その製品が若者の間で人気が高い会社に応募した)
先行詞はcompany (会社) で「物」。空所の直後の名詞をつなげるには、company's productとなる所有格が適切。従って(D) whoseが正解。

3. C (われわれが事務用品のほとんどを頼っている業者は、いつも20パーセント割り引きしてくれる)
関係詞を使わない2つの文に分けてみると、The supplier always offers us a 20 percent discount. と We depend **on the supplier** for most of our office supplies. になる。従ってonが付いている(C) on whomが正解。(A) thatは前置詞の後には使えない。

T14

4. D （高価な装置を据え付けたが、その装置はたった2週間で故障した）
空所の前後に節があるので、接続の働きのない(A) it は不可。先行詞 equipment は「物」なので(B) that か(D) which が残るが、カンマの後に来ることができない that は外せるので、(D) が正解。

5. B （ゲストが連れて来る人は誰でも、われわれのパーティーに歓迎されるだろう）
先行詞 anyone は「人」なので、(A) which は外す。空所には bring ...（…を連れて来る）の目的語になる言葉が入るので、(C) whose も不適切。(D) whomever は、前に先行詞があると使えないので不可。従って(B) that が正解。that は人にも使える。ちなみに、この that は目的格なので、省略してもよい。

【ポイント21】　thatとwhat　　頻出レベル★★★☆☆

例題 選択肢を見てから、問題文の色文字部分だけを見て答えを選んでみよう。

> To survive this difficult time, a supermarket chain like Three Stars must learn ------- consumers are willing to pay for.
> (A) of
> (B) that
> (C) what
> (D) with

訳：この厳しい時代に生き残るためには、Three Starsのようなスーパーマーケット・チェーンは消費者が進んでお金を払うものを学ばなければならない。

　空所の前後には共に節が来ているので、接続の働きのない前置詞(A)、(D)は不可。(B)の**thatを関係代名詞として使うには、learnの後ろに先行詞となる名詞が必要**。また、thatを接続詞として使うには、空所の後ろが完全な節になっている必要があるが、pay forの後ろにあるはずの名詞が欠落している。(C)のwhatは先行詞を含む関係代名詞で「…のもの、…こと」を表す。この場合、pay forの後ろにあった名詞がwhatで表されてconsumersの前に来たと考えられるので、(C)が正解となる。

正解：C

鉄則21　whatの後には不完全な節、接続詞のthatの後には完全な節が来る

　問題文の意味からだけでは、thatとwhatのどちらにすべきか判断に迷うことがよくある。先行詞となる名詞の有無によって、問題を解くポイントが異なるので、ここでしっかり覚えておこう。

「thatかwhat」のどちらかを選ぶ問題はこう解く！

まず、<u>空所の前に先行詞となる名詞があるかどうかを見る。</u>

ある → whatは外す

・関係代名詞のthatとwhatの違い

We know the things that consumers need.
∥
We know what consumers need.
（われわれは消費者が必要なものを知っている）

このようにwhatは先行詞（the things）とthat（またはwhich）を1つにしたものなので、**先行詞となる名詞の有無**でwhatと関係代名詞のthatの判別ができる。空所の前に先行詞があるときは、whatは選ばない。

ない → 空所の後ろの構造をチェックして、完全な節が続いていればthatを、不完全な節が続いていればwhatを選ぶ

・接続詞のthatとwhatの違い

　　　　　　　主語　　動詞　　目的語
We know **that** consumers need safe food.
（われわれは、消費者が安全な食べ物を求めていることを知っている）

　　　　　　　主語　　動詞　　　　　　目的語が欠けている
We know **what** consumers need.
（われわれは消費者が求めているものを知っている）

空所の前に先行詞となる名詞がないときは、関係代名詞ではなく接続詞のthatとwhatとの判別を考える。空所の後ろに、主語から始まる完全な形の節が続いていればthatを、主語や目的語といった文の要素のうち何かが欠けていればwhatを選ぶ。

Exercises （　）に入る適切な語を選んでみよう。

1. The lawyer agreed (what / that) we should sue our competition.

2. The governor appreciated (what / that) the officer did for the people.

3. (What / That) we had no choice but to file bankruptcy is clear.

4. We should restore the facility (what / that) was damaged in the storm.

5. (What / That) made the store successful was its employees' good attitude.

解答
1. that（弁護士は競合会社を訴えるべきだということに同意した）
　（　）の前に先行詞となる名詞がないので、whatと接続詞のthatとの判別だ。
　（　）の後ろには完全な形の節が来ているので接続詞のthatが適切。

2. what（知事はその警官が人々のためにしたことに感謝した）
officer didの目的語が足りないのでwhatが適切。

3. That（破産申告をする以外選択肢がなかったということは明白だ）
we had ... bankruptcyは完全な節になっているので接続詞のThatを選ぶ。

4. that（嵐で損傷した施設を修復すべきだ）
　（　）の前に先行詞となる名詞があるので関係代名詞のthatが適切。

5. What（その店を成功させたのは、従業員たちの感じ良い態度だった）
　（　）の直後にある動詞madeに対する主語がなく、不完全な節になっているので、Whatを選ぶ。

【ポイント22】 whichとwhere 頻出レベル★★★☆☆

例題 選択肢を見てから、問題文の色文字部分だけを見て答えを選んでみよう。

Some of the engineers were transferred to the Texas laboratory, ------- has state-of-the-art equipment.
(A) where
(B) it
(C) which
(D) whomever

訳：エンジニアの何人かは、最新設備を持ったテキサスの研究所に転勤になった。

　関係詞と普通の代名詞が並んでいるのでまず文構造をチェックする。空所には2つの節をつなぐ働きをする言葉が必要なので(B)は外す。先行詞 laboratory（研究所）は「人」ではないので(D) whomever も不可。whomever の前には先行詞となる名詞は来ないことからも除外できる。関係副詞のwhere と関係代名詞のwhichが残るが、直後に動詞が来ているので主語になれる(C) 関係代名詞が正解。**whereは関係副詞であり、副詞の働きをするので主語になることはない。**

正解：C

鉄則22　where = in / at / on / to + which と考える

　先行詞が「場所」だと、やみくもにwhereを選んでしまいがちなので気を付けたい。whereは関係副詞で[前置詞＋関係代名詞]と同じである。where と whichの判別に迷ったら、**問題文を2つに分けて前置詞が要るかどうかを考える方法**（→p.112）も役に立つ。ここでは、関係副詞の仕組みを理解し、主語になれない理由を確認しておこう。

関係副詞の成り立ち

This is the laboratory.　I will work in the laboratory.

This is the laboratory in which I will work.

This is the laboratory where I will work.（ここが私が働く予定の研究所です）

　このように、where は「前に前置詞が付いた名詞」と同じ働きをするので、主語にはなれないのである。

関係副詞の種類

　関係副詞には下記の4種類がある。TOEIC では**先行詞による関係副詞の使い分け**と、**where と関係代名詞 which との使い分け**がよく問われる。

先行詞	関係副詞	前置詞＋関係代名詞
場所	where	in / at / on / to ＋ which
時	when	in / at / on ＋ which
理由	why	for ＋ which
方法	how	with / by ＋ which

★ただし between（…の間に）/ during（…の間に）/ beyond（…を越えて）などの前置詞は、関係副詞に置き換えると意味が不正確になるので、between which / during which / beyond which のような［前置詞＋関係代名詞］の形だけが用いられる。

関係副詞に関する省略

　関係副詞の先行詞もしくは関係副詞自体が省略されることがある（結果的に普通の疑問詞と判別がつかなくなることもあるが、それを追求する問題はTOEIC では出題されない）。省略可能なことだけは覚えておこう。

1. Denver is (the place) **where** our new branch is located.
   （デンバーはわが社の新しい支社がある所だ）
2. No one knows (the reason) **why** Kim quit her job.
   （キムが仕事を辞めた理由は誰も知らない）
3. This is (the way) **how** accidents can be prevented.
   （これが事故を防ぐ方法だ）
   ★the way / how を両方一緒に使うことはなく、必ずどちらかが省略される。

whatと関係副詞の判別

　　　　　　　　　　主語 動詞　　　目的語
Please tell me **how** you got the information.
（どのようにして情報を得たのか教えてください）

　　　　　　　　　　　主語 動詞　　　　　　　目的語が欠けている
Please tell me **what** you got.

（何を得たのか言いなさい）

　where / when / why / howの後には、完全な形の節が来ている点が、whatとの判別ポイントである。

Exercises　空所に入る適切な語句を選んでみよう。

1. Tennessee is the place ------- Polar Bear Burger opened its first shop.
　（A) where　　（B) which　　（C) when　　（D) what

2. We made a reservation at a hotel ------- can hold four wedding receptions at the same time.
　（A) where　　（B) that　　（C) in which　　（D) how

3. The tour includes visiting the village ------- the writer once described as "My Soul."
　（A) where　　（B) why　　（C) which　　（D) whoever

4. We have to postpone our meeting until next Tuesday, ------- Mr. Kudo will come back from Taiwan.
　（A) why　　（B) when　　（C) where　　（D) how

5. The Bombay warehouse is ------- we store hazardous materials.
　（A) that　　（B) in which　　（C) where　　（D) why

解答

1. A (テネシーはポーラベアー・バーガーが最初の店を開いた所だ)
空所の前に先行詞となる名詞 the place (場所) があるので、先行詞が要らない (D) what と、時を表す言葉を先行詞とする (C) when は外す。残った (A) where、(B) which の判別は文を2つに分けて考える。後ろの文は、Polar Bear Burger opened its first shop **in the place**. であれば文として成立するので、in が含まれた関係副詞 (A) where が正解。

2. B (私たちは一度に4つの結婚披露宴を行えるというホテルに予約した)
空所の直後に動詞が来ている。選択肢の中で主語になれるのは関係代名詞の (B) that のみ。

3. C (ツアーには、その作家が「わが魂」と描写した村も含まれる)
2つの文に分けて考えると、The tour includes visiting the village. と The writer once described the village as "My Soul." となり、前置詞は要らないので関係代名詞の (C) which が正解。

4. B (われわれは、工藤氏が台湾から帰ってくる来週火曜日まで会議を延期しなければならない)
先行詞 Tuesday を表す関係副詞は、時を表す (B) when のみ。

5. C (ボンベイ倉庫は、われわれが危険物を貯蔵している倉庫である)
空所には warehouse is の補語になる the place のような名詞が来て、we store 以下の説明を導く関係詞の先行詞になるはずだが、ここでは省略されている。先行詞が省略できるのは関係副詞のみ。従って、関係副詞 (C) where、(D) why のうち、場所を表す where が正解。

Practice Test 8. 関係詞 目標4分

問題を解くのに最小限必要な部分だけを見て、目標時間内に解いてみよう。

☐ **1.** The south ward is for patients ------- ability to move about is limited.
   (A) who
   (B) whose
   (C) which
   (D) those

☐ **2.** ------- is needed for clients to be connected with the POP database is to install POP System 5.0.
   (A) What
   (B) Which
   (C) How
   (D) That

☐ **3.** Based on analysis of oil exploration records, Dr. Hubert predicted in 1956 that the USA would peak in ------- production of oil around 1970.
   (A) which
   (B) whose
   (C) its
   (D) where

☐ **4.** Riders must not stop at the finish, but must continue to the administration area ------- their times will be displayed.
   (A) by
   (B) which
   (C) where
   (D) whom

☐ **5.** This free ticket will be won by ------- comes to the box office first.
   (A) whoever
   (B) anyone
   (C) whomever
   (D) who

解答欄
1. (A) (B) (C) (D)   2. (A) (B) (C) (D)   3. (A) (B) (C) (D)   4. (A) (B) (C) (D)   5. (A) (B) (C) (D)

6. The gas-related drilling boom came to an end last August, ------- gas prices collapsed.
   (A) why
   (B) who
   (C) that
   (D) when

7. The management suggested ----- job sharing was the only way for workers to keep their jobs.
   (A) and
   (B) that
   (C) what
   (D) because

8. This is the Federal site ------- you can download immigration papers.
   (A) on that
   (B) which
   (C) from which
   (D) whichever

9. A lot of bicycle manufacturers will participate in the exhibition ------- see as a good business opportunity.
   (A) they
   (B) whoever
   (C) where
   (D) that

10. ------- the contractor finished the construction so quickly surprised everyone in the town.
   (A) That
   (B) What
   (C) Whoever
   (D) Which

Practice Test 8.　関係詞　解答と解説

問題を解くときに見る必要があった部分が、🔍と同じかチェックしよう。

1. B　🔑 **関係代名詞を選ぶときは、先行詞と格をチェック**　p.109
[訳] 南棟は、動き回るのに不自由のある患者用だ。
[解説] 空所の前後は「節」なので、接続の働きのない(D) those は不可。次に名詞 ability(能力)が続いて「その患者たちの動き回る能力」という意味になる所有格の(B) whose が正解。　🔍 **全文**

2. A　🔑 **what の後は不完全な節、接続詞の that の後は完全な節**　p.116
[訳] 顧客が POP のデータベースと接続するために必要なことは、POP のシステム 5.0 をインストールすることだ。
[解説] 全文を訳すのではなく、文の骨格をとらえて解いてみよう。空所には「必要とされていることは」という意味になる主語が必要だ。関係副詞の(C) How は主語になれないので外す。先行詞がないので関係代名詞としての(B) Which と(D) That も除外する。空所の後ろは完全な節ではないので、That は接続詞だとしても不可。疑問詞の Which だとすると「どちらが必要かはインストールすることだ」となり意味を成さない。先行詞を含む関係代名詞の(A) What が正解。
🔍 **文頭〜to install**

3. C　🔑 **関係詞の後ろには本動詞がある**　p.109
[訳] 石油開発記録の分析に基づいて、ハバート博士は 1956 年に、合衆国が 1970 年ごろに石油生産のピークに達するだろうと予測した。
[解説] 空所の後ろに本動詞がないので、空所には節と節を接続するものは不要。従って接続の働きをする関係詞の(A) which、(B) whose、(D) where は不可。(C) its だけが残る。　🔍 **空所〜文末**

4. C　🔑 **where = in / at / on / to ＋ which と考える**　p.119
[訳] ライダーはゴールで止まらず、タイムが示される運営本部まで進まねばならない。
[解説] 空所の後が節になっているので前置詞の(A) by は不可。先行詞が場所を表す area なので(D) whom も外れる。文を 2 つに分けて考えると、2 つ目の文は their times will be displayed **at** the area. となり、前置詞が必要なことが分かる。at the area = at which = where なので、(C) where が正解。　🔍 **area〜文末**

5. A　🔑 **whomever、whoever の判別は ever がないときと同じ**　p.113
[訳] 誰でもチケット売り場に一番早く来た人が、この無料チケットを獲得できる。
[解説] 空所の前後が節なので(B) anyone は外す。空所の前に先行詞となる名

詞がないので、(D) who も不可。後ろの節の動詞 comes の主語になっているので、主格の (A) whoever が正解。　🔍 文頭〜comes

6. D　🔑 **時を表す先行詞の関係副詞は when**　p.120
[訳]　ガス関連の掘削ブームは、ガス価格が暴落した先の8月に終わりを告げた。
[解説]　時を表す先行詞 last August を説明できる関係副詞は (D) when のみ。that はカンマの次に来て補足説明をする用法はないので、考慮外とすればよい。　🔍 came to〜空所

7. B　🔑 **what の後は不完全な節、接続詞の that の後は完全な節**　p.116
[訳]　経営側は、仕事の分かち合いが労働者にとって仕事を維持するための唯一の道だと示唆した。
[解説]　suggest（示唆する）は直後に目的語となる名詞（節）が必要なので、(A) and と (D) because は外す。空所の後ろには完全な節が来ているので、(C) what ではなく接続詞 (B) that が正解。　🔍 全文

8. C　🔑 **前置詞＋which は文を2つに分けて考える**　p.112
[訳]　これは移民関係書類をダウンロードできる連邦政府のサイトです。
[解説]　文を2つに分けて考える。後半は、you can download immigration papers from the site. となれば意味が通るので、from を含む (C) from which が正解。　🔍 site〜文末

9. A　🔑 **関係代名詞の目的格は省略可能**　p.113
[訳]　大勢の自転車メーカーは、彼らが良いビジネスチャンスと考える展示会に参加するだろう。
[解説]　難易度の高い問題。空所の前後が節なので (A) they はいったん除外し、ほかの選択肢を見ていく。(B) whoever は前に名詞があるので不可。空所の直後に動詞が来ているので、主語になれない (C) where も外す。(D) that では先行詞である exhibition（展示会）が単数なので see とは数が合わないし、意味の上でも不可。exhibition の後に目的格の関係代名詞が省略され [exhibition (that / which) ------- see as ...] となっていると考えると、manufacturers（メーカー）を表す (A) they が正解だと分かる。　🔍 全文

10. A　🔑 **what の後は不完全な節、接続詞の that の後は完全な節**　p.116
[訳]　業者がそんなにも早く工事を終わらせたということは、町中を驚かせた。
[解説]　文頭から quickly までは、surprised の主語となる名詞節が必要。この部分は、完全な節になっているので (A) That が正解。　🔍 文頭〜surprised

Day 5

9. 比較
【ポイント23】as . . . as構文
【ポイント24】比較級と最上級

10. 語法
【ポイント25】前置詞(1)
【ポイント26】前置詞(2)
【ポイント27】doing(動名詞)と
　　　　　　　to do(不定詞)

Day 5　9. 比較

【ポイント23】　as . . . as 構文　　　　　頻出レベル★★★☆☆

例題　選択肢を見てから、問題文の色文字部分だけを見て答えを選んでみよう。

> Mr. Condor urged us to move the device as ------- as possible.
> (A) quiet
> (B) quieten
> (C) quietness
> (D) quietly

訳：コンドル氏は私たちに、その装置をできる限りそっと動かすように促した。
　　(A) 形 静かな　(B) 動 静かにさせる　(C) 名 静けさ　(D) 副 静かに

　as . . . asの間には、形容詞か副詞のどちらかが必ず入るので、(B) 動詞と(C) 名詞は即外す。形容詞か、副詞のどちらになるかは **as . . . as 以下を取ってみると分かりやすい**。この文からas . . . as 以下を取り去ると、Mr. Condor urged us to move the device ------- . という骨格が残る。この骨格から考えると空所には形容詞でなく、moveという動作を修飾する副詞が来ることが分かるだろう。as . . . asを見ると、とにかく形容詞を選んでしまうという人が多いが、**この . . . には形容詞か副詞のどちらかが入る**ことを再確認しておこう。

正解：D

鉄則23　as . . . as 構文の間に来る品詞は、as . . . as 以下を取って考える

　as . . . as 構文は、A is as . . . as B の形で、「AとBが . . . である程度が同じ」ということを表す。ここで「同じ」を表す表現の出題ポイントを整理しておこう。

「同じ」を表す表現の即効ルール

1. as . . . as の間には形容詞か副詞
Nick has **as** <u>creativity</u> **as** Dan does. …✕
　名詞は単独ではas . . . asの間に来ることはできない。

Nick is **as** <u>creative</u> **as** Dan. …◯
（ニックはダンと同じぐらい創造的だ）

Nick thinks **as** <u>creatively</u> **as** Dan. …◯
（ニックはダンと同じぐらい創造的に考える）

2. as . . . as の間には原級が来る
Nick saved **as** <u>less money</u> **as** Dan did. …✕　★lessはlittleの比較級
Nick saved **as** <u>little money</u> **as** Dan did. …◯
（ニックはダンと同じくらい少ししか貯金しなかった）

3. the same . . . as / that の . . . に何か言葉が入るときは名詞
Nick shows almost **the same** creative **as / that** Dan does. …✕
Nick shows almost **the same** creativity **as / that** Dan does. …◯
（ニックは、ダンとほとんど同じ程度の創造性を示す）

4. as . . . as の後の動詞は、前の動詞がbe動詞か一般動詞かで決まる
Nick <u>had</u> **as** much work **as** Dan <u>was</u>. …✕
Nick <u>had</u> **as** much work **as** Dan <u>did</u>. …◯
（ニックはダンと同じぐらい仕事があった）

★後ろの動詞は文意に誤解が生じないときは省略されることが多い。

5. 比べる対象は同じもの
Star hotel's <u>service</u> is **as** good **as** <u>Sun hotel</u>. …✕
Star hotel's <u>service</u> is **as** good **as** <u>Sun hotel's (service)</u>. …◯
Star hotel's <u>service</u> is **as** good **as** <u>that of</u> Sun hotel. …◯
（スターホテルのサービスは、サンホテルのサービスと同じぐらい良い）

★ホテルが提供するサービスとホテル自体を比較することはできない。所有格hotel'sとするか、thatを使って表す。比べるものが**複数のもの**であれば**those**を用いる。

これは覚える！

as . . . as の慣用表現

…の〜倍：half、twice、three times などを as . . . as の前に置く
Nick made **twice as many** business trips last year **as** Dan did.
（ニックは去年、ダンの倍の回数の出張をした）

できるだけ…：2とおりの言い方がある
Nick fixed the car **as quickly as possible**.
Nick fixed the car **as quickly as he could**.
（ニックはできるだけ速く車を修理した）
★as . . . as の間に possible、same が来ることはない。

Exercises　空所に入る適切な語句を選んでみよう。

1. We expect the new equipment to work as ------- as the old equipment did.
　（A）effective　　（B）effect　　　（C）effectively　（D）effectiveness

2. In this company female workers get paid exactly ------- amount as their male counterparts do.
　（A）as　　　　　（B）the same　　（C）so　　　　　（D）more

3. The forklift cost ------- much as the delivery van did.
　（A）double as　（B）twice　　　　（C）as twice　　（D）twice as

4. Sales representatives try to be as ------- as they can.
　（A）persuasively　（B）possible　　（C）persuasive　（D）same

5. The sales for this month are as impressive as ------- last month.
　（A）did　　　　　（B）these for　　（C）that for　　　（D）those for

解答

1. C （その新しい装置が古い装置と同じぐらい効率的に作動することを期待している）
as ... as を取り外して考えると We expect the new equipment to work -------. となり、work という動作を修飾しているので、(C) の副詞 effectively が入る。

2. B （この会社では、女性社員は同等の男性社員ときっちり同じ給料をもらっている）
amount は名詞。名詞は単独では、as ... as の間には入らないので (A) as は不可。次に名詞が来て「…と同じ金額」を表す (B) the same が正解。

3. D （そのフォークリフトには、配達車の2倍の費用がかかった）
(A) **倍数表現に double は使わない**。(B) は as が足りない。(C) as twice は語順が逆。

4. C （営業マンはできるだけ説得力を持つように努めている）
as ... as を取ると、Sales representatives try to be -------. となる。空所には be の補語が来るので形容詞が必要なことが分かる。ただし、(B) possible、(D) same が as ... as の間に来ることはない。従って、(C) persuasive（説得力のある）が正解。

5. D （今月の売り上げは先月と同じぐらい良い）
今月と先月の sales を比べている。比較の構文で複数の名詞を表すときは those を使う。**these は使わない**ので注意。

DAY5
9
比較

【ポイント24】　比較級と最上級　　　頻出レベル★★★★☆

例題　選択肢を見てから、問題文の色文字部分だけを見て答えを選んでみよう。

> Through the recently acquired security system we will have a far ------- task of managing security than before.
> 　(A) easy
> 　(B) easier
> 　(C) easiest
> 　(D) more easily

訳：最近導入した保安システムで、以前より保安管理作業がはるかに容易になるだろう。
　　(A) 形 簡単な　(B) 形 より簡単な　(C) 形 最も簡単な　(D) 副 より簡単に

　選択肢に比較級や最上級が含まれていたら、まず空所の後ろをさっと見てthanや、in the worldのような範囲を表す言葉があるかどうかをチェックする。この例題では、後ろにthanがあるので比較級の(B)、(D)に絞る。次は品詞の判別だ。taskという名詞の前に来るので形容詞の(B)が正解。このfarは「はるかに」という意味を表す副詞で、形容詞を修飾している。

正解：B

鉄則24　後ろにthanがあれば比較級、前にthe、後ろに範囲を表す言葉があれば最上級

　2つのものを比べるときは比較級を使い、3つ以上のものを比べるときは最上級で表す。比較級のときも、「比べる対象は同じもの」という点と「thanの後の動詞は前の動詞に合わせる」という点はas ... asのときと同様である。ここでは比較級と最上級の違いを押さえておこう。

比較級と最上級の対照表

	比較級		最上級	
形	-er＋ more...＋	than	the -est＋ the most...＋	of / in＋[範囲を表す言葉]（…の中で） since＋[起点を表す言葉]（…以来） that＋[経験を表す言葉]（今まで…した中で）
修飾語	even、much、far、by far		by far、very	
注目！	前にtheは来ない a / anはOK		前にthe、my、hisなどの限定する言葉が来る ただし副詞の最上級にはtheは無くてもOK	

比較級と最上級の作り方

原級	比較級	最上級
deep（深い） [短い形容詞]	**deeper** 語尾に-erを付ける	**the deepest** theを付けて、語尾を-estにする
familiar（なじみがある） [長い形容詞]	**more familiar** 前にmoreを付ける	**the most familiar** 前にthe mostを付ける
efficiently（効率的に） [ほとんどの副詞]	**more efficiently** 前にmoreを付ける	**(the) most efficiently** 前に(the) mostを付ける theは省略可

不規則変化のもの

原級	比較級	最上級
many / much	more	the most
little	less	the least
good / well	better	the best
bad	worse	the worst

DAY5
9 比較

比較級・最上級はここで見分ける！

1. 後ろにthanがあれば比較級

We shipped <u>many</u> goods today **than** yesterday. …×
We shipped <u>the most</u> goods today **than** yesterday. …×
We shipped <u>more</u> goods today **than** yesterday. …○
（今日は昨日より多くの品物を出荷した）

　ただし、比べる対象が明らかで特に言う必要もないときはthan以下が省略されることがある。そのときには前の**even**や**much**が比較級を選ぶサインだと覚えておこう。

Megan feels **much good** now. …×
Megan feels **much better** now. …○　（ミーガンの気分は今はずいぶんましだ）
（nowの後ろにはthan beforeのような言葉が省略されている）

2. 前にthe、後ろに範囲を表す言葉があれば最上級

Our sales last month were **the best** （先月のわれわれの売り上げは最高だった）

in the company.
（会社の中で）

of the five departments.
（5つの部署の中で）

since we started business.
（創業以来）

(that) we have ever had.
（これまで記録した中で）

Exercises　空所に入る適切な語句を選んでみよう。

1. Generally, ------- job opportunities are available for women than for men.
   (A) fewer　　(B) the fewest　(C) even　　(D) few

2. This is the ------- snow we've ever had here.
   (A) heavy　　(B) heaviest　(C) heavier　(D) heavily

3. Magic Super is Magic Computer's ------- popular model in its history.
   (A) the most　　(B) more　　(C) most　　(D) much

4. Mr. Higashi's fluency in Chinese makes him even ------- successful as a salesman.
   (A) more　　(B) most　　(C) best　　(D) better

5. Our Chicago agent processes orders far ------- than our own employees do.
   (A) most promptly　(B) promptly　(C) more promptly　(D) prompt

解答

1. A（一般的に、男性より女性のための仕事のチャンスは少ない）
空所の後ろにthanがある。比較級は(A)のfewerのみ。

2. B（これはここで経験した中で最もひどい雪だ）
後ろにwe've ever hadという範囲を表す言葉があり、空所の前にはtheもあるので最上級heaviestが適切。snowの後にthatが省略されている。

3. C（Magic ComputerのMagic Superは、同社の歴史上最高の人気モデルだ）
in its historyが範囲を表す表現なので最上級だが、前にtheの代わりに限定を表す所有格のMagic Computer'sがあるのでtheが付いている(A)は間違い。

4. A（東氏は中国語が流暢なので営業マンとしてより成功した）
空所の後ろにthanも範囲を表す言葉もないが、evenがあるので、比較級が入ることが分かる。比較級は、(A)か(D)だが、長い単語の比較級を作るときにはmoreを用い、betterを用いることはない。ちなみに、the mostの代わりにthe bestを付けて最上級を作ることもない。

5. C（わが社のシカゴの代理店は、自社社員よりはるかに迅速に注文を処理する）
後ろにthanがあるので比較級。farを比較級と勘違いして原級の(B) promptlyを選ばないように注意しよう。

Practice Test 9. 比較

目標4分

問題を解くのに最小限必要な部分だけを見て、目標時間内に解いてみよう。

☐ **1.** KIC Securities is ------- now than it has been for ten years.
(A) more active
(B) acting
(C) most active
(D) more actively

☐ **2.** Please fill in the requested information below as ------- as possible and e-mail it back to us.
(A) accuracy
(B) accurately
(C) more accurate
(D) accurate

☐ **3.** Mr. Dorey's lecture was ------- we have ever heard.
(A) interesting
(B) most interestingly
(C) more interesting
(D) the most interesting

☐ **4.** All-purpose detergents remove lead-contaminated dust from household surfaces just as effectively as ------- high in phosphate.
(A) that
(B) possible
(C) those
(D) these

☐ **5.** It is ------- that the patent system is in need of reform.
(A) clearest
(B) clearly
(C) clear
(D) as clear

解答欄
1. A B C D 2. A B C D 3. A B C D 4. A B C D 5. A B C D

☐ **6.** The dazzling blend of romance, humor, and poignant storytelling has established Cosby as one of the world's ------- authors of romance novels.
(A) the best
(B) the most
(C) best
(D) more

☐ **7.** Nothing is ------- to a happy carpool than chronically late riders.
(A) more harmful
(B) as harmful
(C) harmfully
(D) harmful

☐ **8.** This new fuel emits fewer particulates and less carbon monoxide ------- conventional diesel fuels do.
(A) as
(B) that
(C) to
(D) than

☐ **9.** ----- all the weekly magazines in the country, *Your Life* boasts by far the biggest circulation.
(A) As
(B) Of
(C) Since
(D) With

☐ **10.** Section managers are required to submit their self-assessments ------- than March 20.
(A) by
(B) no later
(C) more
(D) other

Practice Test 9. 比較　解答と解説

問題を解くときに見る必要があった部分が、🔍と同じかチェックしよう。

1. A　　🔑 後ろにthanがあれば比較級　　　　　　　　　　p.132
[訳]　KIC証券は今、過去10年よりもより活気がある。
[解説] 選択肢に比較級が含まれているのでまず、空所の後ろを見る。thanがあるので(A) more active か (D) more actively が残る。空所にはisに続く補語が必要なので、補語になり得る形容詞の比較級(A)が正解。
🔍 is 〜 than

2. B　　🔑 as . . . as 構文は as . . . as 以下を取って考える　　p.128
[訳]　下記で求められている情報をできるだけ正確に記入し、eメールで返信してください。
[解説] as . . . as 以下を取って考えると Please fill in the requested information below. となるので、空所部分にはfill in (記入する) という動詞部分を修飾する副詞(B) accurately が適切。
🔍 文頭 〜 possible

3. D　　🔑 範囲を表す言葉があれば最上級　　　　　　　　p.132
[訳]　ドーリー氏の講義は今まで聞いた中で最も面白かった。
[解説]「かつて聞いたことがある」という経験を述べる表現が「範囲」を表しているので、最上級の(D) the most interesting が正解。元々は the most interesting lecture that we have ever heard の名詞 lecture と目的格の関係代名詞 that が省略されたもの。副詞の(B) most interestingly は was に続く補語として不適切。
🔍 was 〜 文末

4. C　　🔑 比べる対象は同じもの　　　　　　　　　　　　p.129
[訳]　多目的洗剤は、リン酸塩濃度が高いものと同じぐらい効果的に家具などの表面の鉛で汚染されたほこりを取り去る。
[解説] 選択肢から、代名詞の問題と見当を付けて空所の前を見る。as effectively as . . . は「…と同じくらい効果的に」の意味。空所には、比較の対象となる言葉が来る。比較のもう一方の対象は、主語 detergents (洗剤) なので、それを言い換えた(C) those が正解。前に登場した名詞を表す代名詞は、単数なら that、複数なら those を用いる。these は使わないので注意。phosphate は「リン酸塩」の意味。
🔍 文頭 〜 high

5. **C** 🔑 **前にtheもなく、範囲を表す言葉もなければ最上級は不可** p.132
[訳] 特許システムには改革が必要だということは明白だ。
[解説] 空所には補語が必要なので副詞の(B) clearlyは不可。前にtheもなく、後ろに範囲を表す言葉もないので最上級の(A) clearest、後ろにas以下がない(D) as clearも不可。従って正解は、原級の(C) clear。It is clear that ...は、「…であることは明白」という意味。　🔍 **全文**

6. **C** 🔑 **所有格はtheの代わりに最上級に付く** p.133
[訳] ロマンス、ユーモア、そして心に訴える語り口の見事な融合で、コスピーは世界で最も優れたロマン小説家の一人としての地位を確立した。
[解説] of the world'sが範囲を表しているので最上級の(C) bestが適切。このように、範囲を表す言葉が最上級の前に来ることもある。空所の前のthe world's（世界の）という所有格は、theの代わりをする。従って、theが付いている(A) the best、(B) the mostは不可。
🔍 **one ～ authors**

7. **A** 🔑 **後ろにthanがあれば比較級** p.132
[訳] 絶えず遅れて乗車する人以上に、快適な相乗りに害を与えるものはない。
[解説] 空所の後ろにthanがあるので比較級(A) more harmfulが正解。問題文を「読む」のではなく、さっと「見て」3秒で解ける問題。carpoolは、自家用車の「相乗り通勤」の意味。　🔍 **空所～than**

8. **D** 🔑 **比較級の後ろにはthanがある** p.132
[訳] この新しい燃料は従来のデイーゼル燃料より、微粒子と一酸化炭素の放出量が少ない。
[解説] 空所の前にfewer、lessという比較級があるので、(D) thanが正解。conventionalは（従来の、伝統的な）の意味。　🔍 **fewer～空所**

9. **B** 🔑 **最上級には範囲を表す言葉がある** p.132
[訳] 国中のすべての週刊誌の中で、Your Lifeは断トツで最高の発行部数を誇っている。
[解説] 最上級the biggestが使われているので範囲を表す表現を作る(B) Of(…の中で)が正解。　🔍 **全文**

10. **B** 🔑 **後ろにthanがあれば比較級** p.132
[訳] セクションマネージャーは、自己評価表を3月20日までに提出するよう求められている。
[解説] (B)のno later than A（Aまでに）が意味の上で適切。イディオムとして覚えておこう。(C)日付の前にmore than A（A以上）は来ないのが原則。(D)のother than Aは（A以外）というイディオム。　🔍 **空所～文末**

DAY5 9 比較

Day 5　10. 語法

【ポイント25】　前置詞(1)　　　　　　　　頻出レベル★★★★★

例題　選択肢を見てから、問題文の色文字部分だけを見て答えを選んでみよう。

> The number of applicants to this medical school has slightly increased ------- the past ten years.
> (A) by
> (B) over
> (C) since
> (D) while

訳：この医学部への入学志願者の数はここ10年間でわずかに増えた。

　空所の前後を見ると、現在完了has increasedとともに用いることができる前置詞が求められていることが分かる。(A)はby 2000（2000年までに）、(C)はsince 2000（2000年以来）というように、どちらの前置詞にもある一時点を表す言葉が続かねばならないが、例題では、the past ten years（ここ10年）という期間を表す言葉が続いているので、(A)と(C)は不可。(D) whileが前置詞として使われることはない。(B) overには「…の間にわたって」という期間を表す意味もあり、これが正解となる。

正解：B

鉄則25　overには期間を表す意味もある

　前置詞は種類も多く、いくつも意味を持つものもあるが、出題率は高いので、少なくとも本書に登場する頻出前置詞は押さえておこう。

場所を表す前置詞

next to / by	…の横に	**next to** the door（ドアの横に） ・next は to が必要
close to / near	…の近くに	**close to** the park（公園の近くに） ・close は to が必要
across	…を横切って	go **across** the river（川を渡って）

時を表す前置詞

at	…時に（時刻）	**at** 5 p.m.（午後 5 時に）
on	…日に	**on** August 1（8 月 1 日に）
in	…年 / 月に	**in** 2000（2000 年に） **in** September（9 月に）
for	…の間	**for** 20 years（20 年間） ★ for ＋数字で表す期間
during	…の間	**during** the stay in Tokyo（東京滞在中に） ★ during ＋特定の期間を表す言葉
since	…以来（起点）	**since** 1998（1998 年以来）
in	…で（所要時間）	**in** five minutes（5 分で）
over	…にわたって	**over** the past few years （ここ数年にわたって）
throughout	…の間中	**throughout** the week（その週の間中）

目的を表す前置詞

for	…のために	**for** money（お金のために）

原因を表す前置詞

because of	…が原因で	**because of** the storm（嵐のために）
on account of	…が原因で	**on account of** the accident（事故のせいで）

手段を表す前置詞

by	…によって	**by** working hard（懸命に働くことによって）
through	…を通じて	**through** the experiment（実験を通じて）

状況を表す前置詞

under	…中で	**under** consideration（考慮中で）
	…のもとで	**under** control（支配下で）

Exercises　空所に入る適切な語句を選んでみよう。

1. The new city hall is now ------- construction.
   (A) under　　(B) in　　(C) on　　(D) for

2. Unless it is out of stock, the order will be shipped ------- five days.
   (A) at　　(B) for　　(C) in　　(D) since

3. Our connecting flight arrived one hour late ------- some mechanical problems.
   (A) for　　(B) over　　(C) by　　(D) because of

4. During its renovation the bank was temporarily relocated ------- the Mirror Hotel.
   (A) next　　(B) close　　(C) near　　(D) across

5. Thanks to high pressure covering this region ------- the month, there was very little storm activity on the western coast.
　(A) from　　　(B) to　　　(C) around　　(D) throughout

解答

1. A　(新しい市庁舎は現在建築中だ)
　作業などが進行中であることは、(A)のunderで表す。

2. C　(在庫切れでなければ、その注文は5日で出荷されるだろう)
　所要時間を表すのはin。(A)at、(D)sinceの後に期間を表す言葉は来ない。(B)forはある期間中、行為や状態が継続することを表すので、「その注文が、5日間ずっと出荷され続けるだろう」という意味になるが、非現実的なので不適切。

3. D　(われわれの接続便は整備上の問題で1時間遅れて到着した)
　原因を導く前置詞because ofが適切。forは通常、原因を導く前置詞としては用いられない。目的を表すforと混同しないように注意。byだと「問題によって」という訳になるので、日本語では正しいように思えるが、この「…によって」は「手段」であり「原因」を意味するものではないので間違い。

4. C　(銀行は改装の間、一時的にミラーホテルの近くに移転した)
　(A) next、(B) closeはtoが無いと次の名詞につながらない。(D) acrossでは「銀行がホテルを横切って移転させられた」となり意味を成さない。(C) nearのみが適切。

5. D　(1カ月の間中この地方をおおっていた高気圧のおかげで、西海岸ではほとんど嵐は起きなかった)
　意味を成すのは、「1カ月の間中」を表す(D) throughoutのみ。

【ポイント26】 前置詞（2）

頻出レベル★★★★☆

例題 選択肢を見てから、問題文の色文字部分だけを見て答えを選んでみよう。

> In neighborhoods made up of young adults, families, and senior citizens, the observance of the rules is key to creating harmony ------- residents.
> (A) among
> (B) to
> (C) under
> (D) between

3秒で解く！

訳：若者、家族、老人で構成される近隣においては、ルールを守ることが住民の間での調和を作り上げるための鍵である。

　空所の前後は、「住民の間での調和を作る」という意味になると考えられるので、「間」を表す適切な前置詞を選ぶ。同じ「間」の意味でも、between は2者での「間」を表す。ここでは、2者とは特定されていないので、3者以上での間を表す among が正解となる。ちなみに **among の次に来る言葉は複数形**が原則。

正解：A

鉄則26　amongは3者以上での間、betweenは2者での間

　前置詞の選択問題では、「意味の似た前置詞の使い分け」や、「前置詞の要・不要」が問われる。次に挙げる頻出前置詞をしっかり覚えておこう。

使い分けが問われる前置詞

1. through / throughout

through	…を通って	**through** the door（ドアを通って）
throughout	…中至る所に	**throughout** the country（国中至る所に）

2. in / among / between

in	…の中で	**in** the world（世界中で） [in ＋ 範囲を表す単数の言葉]
among	…の間で	**among** the countries（国々の間で） [among ＋ 3つ以上の複数を表す言葉]
between	…の間で	**between** the two men（2人の男性の間で） [between ＋ 2 を意味する言葉]

3. without / except

| without | …なしで | **without** money（お金なしで） |
| except | …を除いて | **except** money（お金を除いては） |

4. by / until

| by | …までに
（期限） | Call me **by** Monday.
（月曜までに電話しなさい） |
| until | …まで
（継続） | Stay here **until** Monday.
（月曜日までここにいなさい） |

★注：by（期限を表す）と用いられるのは、継続性のない動詞。until（継続を表す）と用いられるのは継続性のある動詞。

5. beside / besides

| beside | …の横に | **beside** the car（車の横に） |
| besides | …に加えて | **besides** the car（車に加えて） |

前置詞が要りそうで 要らない表現

- **abroad** 海外に　　　　　go **abroad**（海外へ行く）
- **overseas** 海外に　　　　study **overseas**（海外留学する）
- **downtown** 繁華街に　　　live **downtown**（繁華街に住む）
- **contact** . . . …に連絡する　**contact** the store（店に連絡する）
- **attend** . . . …に出席する　**attend** the meeting（会議に出席する）
- **discuss** . . . …について話す　**discuss** the issue（その問題について話す）

Exercises　空所に入る適切な語を選んでみよう。

1. Now franchise stores of the hamburger chain can be found ------- the country.
   (A) throughout　(B) through　(C) among　(D) at

2. Because of unexpected circumstances, Mr. Roman will not be able to go to your factories ------- next March.
   (A) on　　　(B) in　　　(C) for　　　(D) until

3. All the sections ------- foreign trading have submitted their monthly reports.
   (A) without　(B) among　(C) except　(D) to

4. ------- hard work and patience Mr. Washington has achieved his goal as a botanist.
   (A) Throughout　(B) Through　(C) Since　(D) Beside

5. The engineers on the research team have been ------- for hours the possible effects of the accident.
   (A) talking　(B) attending　(C) going　(D) discussing

解答

1. A （今や、そのハンバーガーチェーンのフランチャイズ店は国中で見られる）
「国中至る所」の意味になる(A) throughoutが適切。(B) throughだと「国を通って」の意味になってしまう。

2. D （予想外の事情があり、ローマン氏は次の3月まで御社工場へお伺いできません）
時を表す名詞の前にnextが付くときは、inは不要なので(B)は不可。「訪問できない状態が3月まで続く」という意味になる(D) untilが適切。untilは継続の終点を表す。goは継続性のない動詞だが、否定文では、継続性のない動詞もuntilとともに用いることができる。

3. C （外国貿易部を除くすべてのセクションは月報を提出した）
(A) without（…なしで）では意味が成り立たない。「…を除いて」の意味を表す(C) exceptが正解。

4. B （勤勉と忍耐でワシントン氏は植物学者としての目標を達成した）
(C) Sinceは前置詞として用いられるときは「…以来」の意味しかなく、原因は導かない。文意から手段を表す(B) Throughが適切。

5. D （研究チームのエンジニアたちは、事故から起こり得る影響に関して何時間も討議している）
for hoursは挿入句で、空所には前置詞がなくてもthe possible effectsが続けられるものになる。この条件を満たすのは(B) attending（出席している）か(D) discussing（討議している）だが、意味から(D)が残る。

【ポイント27】 doing（動名詞）と to do（不定詞） 頻出レベル★★★☆☆

例題 選択肢を見てから、問題文の色文字部分だけを見て答えを選んでみよう。

> The directors have been considering ------- their business in South Africa, by merging with some local manufacturers.
> (A) to expand
> (B) expanding
> (C) expansion
> (D) expand

訳：重役たちはいくつかの地元メーカーを合併することで、南アフリカでの事業を拡大することを考慮中だ。

　選択肢から、動詞の問題だと見当が付くが、本動詞としては have been considering があるので (D) は外す。空所の後ろには名詞が続いているので (C) の名詞も不可。不定詞の (A) to expand か動名詞の (B) expanding に絞れるが、consider の目的語には不定詞ではなく、動名詞が来るので、(B) が正解。動名詞が続く語句は、次ページに挙げた単語の頭文字をつなげた語呂合わせ（鉄則27）で覚えておくと便利だ。

正解：B

鉄則27　マジですKFCの後は動名詞

　選択肢に動名詞 (doing) と不定詞 (to do) が含まれているときは、最終的にはこの2つの判別が必要とされる問題が多い。不定詞と動名詞はともに「…すること」という動作を名詞化する用法があるので、どの語句がどちらを続けるかというのは、個々に覚えておくしかない。ここに挙げた代表的なものを押さえておこう。

動名詞が続く語句

- ☐ **m**iss （…しそこなう）
- ☐ **a**void （避ける）
- ☐ (**z**) 前置詞の後
  (capable of […できる] の後 etc.)
- ☐ **i**nclude （含む）
- ☐ **de**ny （否定する）
- ☐ **su**ggest （提案する）
- ☐ **k**eep （…し続ける）
- ☐ **f**inish （終える）
- ☐ **c**onsider （考慮する）

不定詞が続く語句

- ☐ expect （予期する）
- ☐ agree （同意する）
- ☐ promise （約束する）
- ☐ appear （…のようだ）
- ☐ remain （…のままである）
- ☐ fail （…しない）

★先のことを表す動詞には、不定詞が続くことが多い。

★動名詞が続く語句は、頭文字を上から順につなげ（Zは、前置詞zenchishiの頭文字）、「MAZIDESUKFC（マジですKFC）」と覚えておこう！

toの後に動名詞が続く語句（名詞が続くこともある）

- ☐ look forward to （…を楽しみにする）
- ☐ be subject to （…の対象となる）
- ☐ object / be opposed to （…に反対する）
- ☐ be devoted / dedicated to （…に献身する）
- ☐ contribute to （…に貢献する）
- ☐ be used to （…に慣れている）★

★ used to do（かつては…したものだ）との混同に注意。

特例

- ☐ need（必要とする）

need . . . で「…される必要がある」という受身の意味を表すときは、

- 「...」が不定詞なら、受動態でなければならない
  The car needs **to fix**. …×
  The car needs **to be fixed**. …○ （車は修理される必要がある）

- 「...」が動名詞なら、能動態が原則
  The car needs **being fixed**. 　一般的でない形
  The car needs **fixing**. …○ （車は修理が必要だ）

Exercises それぞれの語句の後に続けられる形を（ ）の中から選んでみよう。

1. keep	(doing / to do / to doing)
2. expect	(doing / to do/ to doing)
3. object	(doing / to do / to doing)
4. suggest	(doing / to do / to doing)
5. consider	(doing / to do / to doing)
6. avoid	(doing / to do / to doing)
7. appear	(doing / to do / to doing)
8. fail	(doing / to do / to doing)
9. be used	(doing / to do / to doing)
10. agree	(doing / to do / to doing)
11. promise	(doing / to do / to doing)
12. finish	(doing / to do / to doing)
13. be subject	(doing / to do / to doing)
14. include	(doing / to do / to doing)
15. remain	(doing / to do / to doing)
16. look forward	(doing / to do / to doing)

解答

1. keep	(doing)	9. be used	(to doing)
2. expect	(to do)	10. agree	(to do)
3. object	(to doing)	11. promise	(to do)
4. suggest	(doing)	12. finish	(doing)
5. consider	(doing)	13. be subject	(to doing)
6. avoid	(doing)	14. include	(doing)
7. appear	(to do)	15. remain	(to do)
8. fail	(to do)	16. look forward	(to doing)

Practice Test 10. 語法

目標 4 分

問題を解くのに最小限必要な部分だけを見て、目標時間内に解いてみよう。

☐ **1.** As there have been some changes in company policy, the employee handbook needs ------- at the soonest possible opportunity.
 (A) to revise
 (B) revising
 (C) have revision
 (D) be revised

☐ **2.** YSK's semiconductors have shown steadily increasing month-on-month growth ------- the past five years.
 (A) under
 (B) among
 (C) over
 (D) nearly

☐ **3.** Seven residents were forced to move out of the apartment after the local fire chief determined the building failed ------- safety codes.
 (A) to meet
 (B) meeting
 (C) met
 (D) to meeting

☐ **4.** American Water Co. is helping promote low-flush toilets, ------- providing a considerable amount of money to community-based non-profit organizations.
 (A) in
 (B) for
 (C) by
 (D) throughout

☐ **5.** The company appeared ------- advantage of its convenient location.
 (A) taking
 (B) took
 (C) take
 (D) to take

解答欄
1. Ⓐ Ⓑ Ⓒ Ⓓ 2. Ⓐ Ⓑ Ⓒ Ⓓ 3. Ⓐ Ⓑ Ⓒ Ⓓ 4. Ⓐ Ⓑ Ⓒ Ⓓ 5. Ⓐ Ⓑ Ⓒ Ⓓ

☐ **6.** All transmission rights on the new line will be shared ------- the three electricity companies according to their contributions.
(A) of
(B) among
(C) between
(D) for

☐ **7.** Mr. Benson supports the introduction of Internet-based voting in principle, subject to ------- possible funding implications associated with it.
(A) considering
(B) consideration
(C) consider
(D) considers

☐ **8.** The consultant suggested some ideas ------- further improvement in accounting management.
(A) for
(B) to
(C) of
(D) through

☐ **9.** BOSRON developed a device capable ------- rather small currents.
(A) detecting
(B) to detect
(C) of detecting
(D) detectably

☐ **10.** ------- two bonuses in summer and winter, you will be paid a special bonus if you achieve a monthly goal.
(A) Without
(B) Beside
(C) For
(D) Besides

解答欄
6. Ⓐ Ⓑ Ⓒ Ⓓ 7. Ⓐ Ⓑ Ⓒ Ⓓ 8. Ⓐ Ⓑ Ⓒ Ⓓ 9. Ⓐ Ⓑ Ⓒ Ⓓ 10. Ⓐ Ⓑ Ⓒ Ⓓ

Practice Test 10. 語法　解答と解説

問題を解くときに見る必要があった部分が、🔍と同じかチェックしよう。

1. B　🗝 **need . . . -ing は受身の意味でも使える**　p.149

[訳]　社則がいくつか変更になったので、就業規則はなるべく早い機会に改訂しなければならない。

[解説]　選択肢に本動詞があるので文構造を確認する。employee handbook needs がこの文の [主語＋本動詞] になっている。従って、空所には本動詞になり得る (C) have revision は不可。need の主語から意味を取ると、「就業規則は改訂される」という受身の意味が適切なので、能動態の不定詞 (A) to revise も不可。needs の後の動名詞は -ing の形で受身の意味を表せるので (B) revising が正解。　🔍 **文頭～空所**

2. C　🗝 **over には期間を表す意味もある**　p.140

[訳]　YSK の半導体はここ 5 年間にわたり、堅調な月次売上増を示している。

[解説]　現在完了 have shown とともに用いて、期間を表すことができる前置詞は、選択肢の中では (C) over (…にわたって) しかない。ちなみに shown の目的語は growth (成長) であり、increasing (現在分詞) は形容詞として growth を修飾している。steadily . . . growth を直訳すると「堅調に増加している月次成長」となる。　🔍 **全文**

3. A　🗝 **fail の後は to do**　p.149

[訳]　地元の消防隊がその建物が安全基準に達していないと決定を下したのち、7 人の住民はそのアパートからの退去を余儀なくされた。

[解説]　fail の後に何らかの動詞の形が続くときは不定詞しか来ないので、(A) to meet が正解。　🔍 **failed -------**

4. C　🗝 **by . . . -ing で手段を表す**　p. 142

[訳]　アメリカンウォーター社は、地域を拠点としている非営利団体に多額の資金を供与して、節水水洗トイレの普及を助けている。

[解説]　選択肢に前置詞が並んでいるときはまず、空所の直後を見て選んでみる。ここでは、(A) in . . . -ing (…することにおいて)、(B) for . . . -ing (…するために)、(C) by . . . -ing (…することによって)、(D) throughout . . . (…する間中) となり、すべて文法的にはあり得る表現なので、解答を選ぶことができない。このような場合は、文の骨格をとらえて意味を取る。手段を表す (C) by なら、「…を与えることによって、促進を助ける」となり、文意が通る。　🔍 **全文**

5. D　🔑 appearの後はto do　　　p.149

[訳]　その会社は、場所の利便性を活用しているようだ。

[解説]　appearedが本動詞なので(B) took、(C) takeは不可。appearの後には動名詞は続かないので、(A) takingでなく、不定詞の(D) to takeを選ぶ。

🔍 文頭〜advantage

6. B　🔑 amongは3者以上での間、betweenは2者での間　　　p.144

[訳]　新回線のすべての転送権は、出資額に応じて3つの電力会社の間で共有されるだろう。

[解説]　直後にthreeという言葉があるので、3者以上での間の(B) amongを選ぶ。(C) betweenは、「(2者の)間」。

🔍 shared〜three

7. A　🔑 (be) subject toの後は名詞かdoing　　　p.149

[訳]　関連する資金的影響の考察次第だが、ベンソン氏はインターネット投票の導入に原則的に賛同している。

[解説]　subject to ...は、「…を条件とする」という意味のイディオム。このtoの後には、動名詞か名詞しか続かないので、(A) considering（考察する）と(B) consideration（考察）に絞れる。空所の直後の名詞句possible funding implications（起こり得る資金的影響）を続けられるのは、動名詞の(A)。implicationは「影響、かかわり合い」の意味。

🔍 subject to〜implications

8. A　🔑 目的を表す前置詞はfor　　　p.141

[訳]　コンサルタントは、会計管理のさらなる改善のためのいくつかのアイデアを提案した。

[解説]　文意から目的を表す(A) for（…のための）が適切。

🔍 全文

9. C　🔑 capableの後はof doing　　　p.149

[訳]　BOSRONは、かなり弱い電流でも探知できる装置を開発した。

[解説]　capableの後ろはof doingが来るので(C) of detectingが正解。

🔍 capable-------

10. D　🔑 besidesは「…に加えて」、besideは「…の横に」　　　p.145

[訳]　夏、冬2回のボーナスに加え、毎月の目標を達成すれば特別ボーナスが支払われる。

[解説]　空所に来て文意を成すのは、(D) Besides（…に加えて）のみ。(B) Beside（…の横に）との混同に注意しよう。

🔍 全文

総仕上げと英文法模擬テスト

　これまでに学習したことを復習し、試験本番のプレッシャーにも慣れるためには、実際のテストに近い形式で問題を解く練習が効果的だ。次ページからの「TOEICテスト英文法 鉄則27」「Part 6 の取り組み方」に目を通してから、模擬テストにチャレンジしよう。

TOEICテスト　英文法 鉄則27　……　p.156

Part 6の取り組み方　……　p.158

英文法模擬テスト　……　p.159

▼ **模擬テストの構成**　（本番の半分の26問で構成されている）
　　Part 5（短文穴埋め問題）　20問
　　Part 6（長文穴埋め問題）　6問

▼ **制限時間**
　　7〜10分（時間配分の目安はPart 5：5〜7分　Part 6：2〜3分）

▼ **受験方法**
　　1. 解答用紙（p.174）を切り取るかコピーする。
　　2. 鉛筆（先を少し丸くしたHBかBが最適）、消しゴム、時計を準備。
　　3. 制限時間内に解答後、「解答と解説」を読み、間違えた問題を復習する。

テスト前に必ず見直そう！
TOEIC テスト英文法　鉄則27

　どの問題でもまずは、**選択肢をさっと見てから、空所の前後だけを見て選べないか試す**。この大原則を忘れずに実践しよう。

1. 品詞
鉄則1　名詞の前には形容詞、動詞・形容詞の前には副詞を選ぶ　(p.12)
鉄則2　他動詞の後には名詞を選ぶ　(p.16)
鉄則3　補語には形容詞を選ぶ　(p.20)

2. 名詞を修飾する言葉
鉄則4　選択肢に数量を表す言葉が並んでいたら、
　　　　　空所の後の名詞が単数か複数かをチェック　(p.28)
鉄則5　some of の後には the が要る　(p.32)
鉄則6　名詞の直前の否定語には no を選ぶ　(p.35)

3. 動詞の形
鉄則7　選択肢に形の異なる動詞が並んでいたらまず、
　　　　　空所に本動詞が要るかどうかチェック　(p.42)
鉄則8　動詞を選ぶときには、主語が単数か複数かをチェック　(p.45)
鉄則9　空所の直後に名詞が来ていたら、受動態は選ばない　(p.49)

4. 時制と仮定法
鉄則10　動詞を選ぶときには、時を表す言葉を探して時制をチェック　(p.57)
鉄則11　If . . . の文では、2つの動詞の形をチェック　(p.62)

5. 代名詞
鉄則12　格が異なる代名詞の選択は、直後を見て決める　(p.70)
鉄則13　格が同じ代名詞の選択は、指すものを見つけてチェック　(p.73)
鉄則14　単数形の other は、単独では使わない　(p.75)

6. 接続詞

鉄則15 文頭の空所には、Nevertheless、But、So、Orを選ばない （p.82）
鉄則16 後ろに句が来ていたら前置詞、節が来ていたら接続詞を選ぶ （p.87）
鉄則17 選択肢にeither、neither、bothがあったら、
組になる表現をチェック （p.90）

7. 分詞

鉄則18 分詞が修飾する名詞から意味を取り、「…している」だったら
...-ing、「…された」なら...-edを選ぶ （p.98）
鉄則19 文頭に...-ingか...-edを選ぶ問題では、
文の主語から意味を取って受身か能動か判断する （p.101）

8. 関係詞

鉄則20 関係代名詞を選ぶときは、先行詞と格をチェック （p.109）
鉄則21 whatの後には不完全な節、
接続詞のthatの後には完全な節が来る （p.116）
鉄則22 where = in / at / on / to ＋ whichと考える （p.119）

9. 比較

鉄則23 as...as構文の間に来る品詞は、as...as以下を取って考える （p.128）
鉄則24 後ろにthanがあれば比較級、
前にthe、後ろに範囲を表す言葉があれば最上級 （p.132）

10. 語法

鉄則25 overには期間を表す意味もある （p.140）
鉄則26 amongは3者以上での間、betweenは2者での間 （p.144）
鉄則27 マジですKFCの後は動名詞 （p.148）

Part 6 の取り組み方

　Part 6は、ひとつの長文の中に3カ所ある空所に入る適切な語句を選ぶ問題だ。長文は全部で4つ。短文のPart 5と見た目は異なるが、不安に思う必要は無い。模擬テストの前に解答のコツを押さえておこう。

1. 取り組み方の基本は Part 5 と同じ！

　「選択肢を見て、何を問う問題か見当を付ける」
　　　　　　　　↓
　「空所の前後だけ見て、答えを選んでみる」
　　　　　　　　↓
　「空所の前後だけでは選べない場合は、見る範囲を少しずつ広げる」

　これまでPart 5形式の問題で実践してきたのと同じ手順で解けばよい。文頭からじっくり読んでいくと、たちまち時間が足りなくなる。長文は、eメールや手紙が多いが、どんな種類の文章だったかさえ印象に残らなくても、正解を導けることを知っておいてほしい。

2. Part 6 では要注意！

1) 時制を勝手な想像で選ばない
　　　時制を選ぶ問題では、空所のある文だけでなく、前後の文の時制から判断しなければならないときもある。このような場合もたいてい、空所の直前、直後の文だけで判断できるので、あまり読む範囲を広げる必要はない。

2) 文頭の空所に However や Nevertheless が来ることもあり得る
　　　複数の文から構成されるPart 6では、前の文とのつながりが問われる可能性もあるので、文頭の空所にも、接続副詞や等位接続詞が来る可能性はある（詳細はp.96参照）。

3. 時間配分に気を付けよう！
　　1問平均30秒まで！　長文1つを1分半以内で解こう。

Part 5

Directions : The following sentences are incomplete. Choose the most appropriate word or phrase from the choices (A), (B), (C), and (D) and mark your answer on your sheet.

1. In many countries, investments in developing the new technology ------- increased over the past decade.
   (A) are
   (B) has
   (C) had
   (D) have

2. The study shows that enterprises spend 80 percent of ------- resources on maintenance and only 20 percent on developing new processes.
   (A) they
   (B) their
   (C) them
   (D) themselves

3. The two companies ------- merged on January 10, 2005, to become Arizona Solution AG.
   (A) success
   (B) successful
   (C) successive
   (D) successfully

4. Soon after the news of the fire caused by the malfunction of the heater, suspicion spread ------- its users.
   (A) between
   (B) by
   (C) with
   (D) among

5. In the 1980's pagers became very popular among young people ------- were quickly replaced by cellular phones.
   (A) nevertheless
   (B) while
   (C) which
   (D) but

GO ON TO THE NEXT PAGE

6. It was not until her last year with the company that the management finally ------- Ms. Show's achievement in improving its billing system.
   (A) recognizing
   (B) to recognize
   (C) recognized
   (D) was recognized

7. When a customer makes a mistake, a good sales representative would avoid ------- him or her by correcting it politely.
   (A) to embarrass
   (B) embarrass
   (C) embarrassing
   (D) embarrassment

8. The job requirements are so ------- that new employees need training regardless of skills and experience.
   (A) specific
   (B) specify
   (C) specification
   (D) specifically

9. To celebrate the 50th anniversary of the city, ------- influential businessmen will be attending the ceremony next week.
   (A) most of
   (B) almost
   (C) the all
   (D) many

10. The police stress the importance of keeping ahead of Internet crime because it is evolving as ------- as the Internet itself.
    (A) constant
    (B) constantly
    (C) constancy
    (D) more constant

11. If the assessment forms ------- completed, they should be forwarded to the Personnel department at headquarters.
 (A) would have been
 (B) will be
 (C) is
 (D) have been

12. Managers have to handle problems that workers have trying to keep up with ------- advancing technology.
 (A) rapid
 (B) rapidity
 (C) rapidness
 (D) rapidly

13. Through the film, the audience gets to look at the arguments on "the theory of evolution" by studying ------- development.
 (A) their
 (B) its
 (C) his
 (D) whose

14. The great success of the movie owes largely to the ------- performance of the leading actor.
 (A) fascinate
 (B) fascinating
 (C) fascination
 (D) fascinated

15. ------- it is true that banks are competing for borrowers by lowering interest rates, they never accept loan applications easily.
 (A) While
 (B) Because
 (C) Besides
 (D) That

16. You can use the Search option to find where a term appears in the site and the Glossary to find a ------- of the term.
 (A) define
 (B) definition
 (C) definitive
 (D) definite

17. Down this hall on the right you can find the blue room, ------- we use as a conference room.
 (A) where
 (B) that
 (C) why
 (D) which

18. It is strongly recommended that children use this device ------- the supervision of an adult.
 (A) with
 (B) under
 (C) for
 (D) over

19. ------- the community has improved public transportation dramatically, people still depend mostly on private cars.
 (A) Despite
 (B) Although
 (C) Nevertheless
 (D) Since

20. Many small business owners would have failed in two or three years if they ------- any help from Small Business Aid.
 (A) had not
 (B) would not have
 (C) had not had
 (D) did not have

Part 6

Directions: Some of the following sentences are incomplete. Select the most appropriate word or phrase from the choices (A), (B), (C) and (D) and mark your answer on your sheet.

Questions 21 - 23 refer to the following advertisement.

A pleasant stay on Route 66

_____ in a lovely historic district of the Ozarks, Bond Motel

21. (A) Locate
    (B) To locate
    (C) Locating
    (D) Located

has offered a cozy place to rest to many tired travelers ever since Mr. Arthur Bond constructed the first ten units of the motel in 1942, giving it his name. He _____ it for 17 years.

    22. (A) operates
        (B) operating
        (C) has operated
        (D) operated

In 1959, Mr. and Mrs. Jackson purchased the motel and added the back five units. After Mr. Jackson died in 1980, Mrs. Jackson continued to operate the motel _____ her death in

    23. (A) at
        (B) until
        (C) by
        (D) during

1991 at the age of 91. John and Melanie Petersburg are the present proud owners of the Bond Motel and its historic legacy.

GO ON TO THE NEXT PAGE

Questions 24-26 refer to the following article.

Construction of new homes shot up in January at the fastest pace in more than three decades.

The Commerce Department reported that building activity was up 14.5 percent last month compared to December. Vin Fox of Johnson Economic Institution is already starting to talk about his optimism for increased sales in the housing industry this year. _____ some economists are still cautious.

    24. (A) Although
        (B) Furthermore
        (C) So
        (D) However

They seem to have good reason to be so, too. They say that the weather might have played a major factor in this big rise as it was the mildest January in more than a century. The warm weather could prompt builders to start work on more homes.

Fox is trying to refute this view, pointing out that the number of building permits, _____ are not usually affected by weather, increased by

    25. (A) who
        (B) that
        (C) where
        (D) which

9.8 percent last month. In the meantime, most observers agree that housing activity will not slow as much this year _____ previously

    26. (A) than
        (B) in
        (C) as
        (D) for

thought, as long as mortgage rates do not rise too quickly.

英文法模擬テスト　解答と解説　Part 5

問題を解くときに見る必要があった部分が、🔍と同じかチェックしよう。

1. D 🔑 **動詞を選ぶときには、主語が単数か複数かをチェック**　p.45
[訳] 多くの国で、新しいテクノロジー開発への投資はここ10年間増加してきている。
[解説] 本動詞が並んでいるのでまず主語を探す。主語は複数形のinvestments（投資）なので、三人称単数現在の(B) hasは外せる。over the past decade（過去10年にわたって）は、現在完了とともに使える表現。従って、現在完了の一部となる(D) haveが正解。　🔍 全文

2. B 🔑 **格が異なる代名詞の選択は、直後を見て決める**　p.70
[訳] 研究によると、企業はその資本の80パーセントを経営維持に、20パーセントだけを新しいプロセス開発に費やしている。
[解説] theyのさまざまな格が並んでいるのでまず、空所の直後をチェックする。直後の名詞resources（資源）を続けられるのは所有格の(B) theirのみ。　🔍 ------- resources

3. D 🔑 **動詞の前には副詞を選ぶ**　p.12
[訳] そのふたつの会社は2005年1月10日に成功裏に合併し、Arizona Solution AGという会社になった。
[解説] 選択肢から品詞の問題だと分かる。主語companiesに対する動詞がmerged。空所には動詞を修飾する副詞の(D) successfullyが適切。
🔍 文頭 ～ merged

4. D 🔑 **amongは3者以上での間、betweenは2者での間**　p.144
[訳] 暖房器具の機能不全による火事のニュースの後、すぐさまその使用者の間に疑念が広がった。
[解説] 「疑念が使用者（　）広がった」の（　）に入るのは3者以上での「...の間に」を表す(D) amongが最適。使用者が2人とは考えにくいので「2者の間に」を表す(A) betweenは不可。spreadの前にbe動詞がないので、「使用者によって広められた」という受動態とは考えられない。従って、行為者を表す(B) byも不可。　🔍 suspicion ～ 文末

5. D 🔑 **動詞の直前の接続詞は and、but、or、yet のどれか** p.85

[訳] 1980年代に、ポケベルは若者の間で非常な人気を博していたが、あっという間に携帯電話に取って代わられた。

[解説] 選択肢に接続詞や接続副詞が並んでいる。空所の後ろには、動詞はあるが主語がないので、接続の働きもして主語にもなれる関係代名詞(C) which が、候補になりそうだ。しかし which は先行詞が「物」でなければならないが、前にある名詞は people(人々)なので不可。(D) but であれば主語 pagers が省略されていると考えられるので適切。ちなみに、接続副詞(A) nevertheless の後では、主語は省略されない。(B) while も while . . .-ing と while . . .-ed(過去分詞)という形はあり得るが、while の直後に本動詞の were が来ることはない。

🔍 **people ------- were**

6. C 🔑 **空所の直後に名詞が来ていたら、受動態は選ばない** p.49

[訳] 経営陣が請求システム改善におけるショーさんの業績をついに認めたのは、彼女の在社最後の年になってのことだった。

[解説] 選択肢にさまざまな形の動詞が並んでいるので、本動詞が必要かチェックする。接続詞の that の後ろには、主語 the management に対する本動詞が必要なので、(C) recognized、(D) was recognized が残る。空所の直後には名詞が来ており、受動態の(D)ではつながらないので、能動態の(C)が正解。It was not until . . . that は「that 以下のことは…までには起きなかった」という意味の強調構文。

🔍 **that ～ achievement**

7. C 🔑 **avoid の後は doing** p.149

[訳] 客がミスをしたときも、良い営業マンであれば、間違いを丁寧に正して、客に恥をかかせることを避けるものだ。

[解説] would avoid が本動詞なので、空所には本動詞は不要。avoid の後に続くのは、動名詞(C) embarrassing(…に恥ずかしい思いをさせる)か名詞(D) embarrassment(当惑)。him を目的語として続けられる embarrassing が正解。

🔍 **would avoid ～ him**

8. A 🔑 **補語には形容詞を選ぶ** p.20

[訳] その職責はとても特殊なものなので、技術や経験にかかわらず、新入社員は研修が必要だ。

[解説] 空所には are に続く補語が必要なので、形容詞(A) specific(特殊な)か名詞(C) specification(仕様書)に絞れる。意味から specific が適切。また、「so . . . that 構文の . . . には名詞は来ない」(→p.90)という点からも(C)の名詞は外せる。

🔍 **are ～ that**

9. D　🔑 **most of の後には the が要る**　p.32

[訳] 市政50周年を祝い、多くの有力な実業家が来週の式典に出席する予定だ。

[解説] 選択肢に数量を表す言葉が並んでいるのでまず、空所の直後を見る。influential businessmen（有力な実業家）という複数形が来ているので、複数名詞を修飾する(D) many が正解。(A) most of は、直後に the が必要。(B) almost は直後に来る言葉の程度が「ほとんど」ということを表すが、「ほとんど有力である」では意味を成さない。(C) the all は語順が逆。all the なら正解になり得る。　🔍 **空所 〜 businessmen**

10. B　🔑 **as ... as 構文は、as ... as 以下を取って考える**　p.128

[訳] ネット犯罪はインターネットそのものと同じぐらい絶えず進化し続けているので、警察は常に犯罪活動に先んじる重要性を強調している。

[解説] 空所が as ... as で囲まれているので as ... as 以下を取って考えてみると、crime is evolving ------- となり、空所には evolving を修飾する副詞(B) constantly（絶えず）が適切なことが分かる。　🔍 **it is 〜 文末**

11. D　🔑 **「時・条件」を表す節には、will / would は使わない**　p.60

[訳] 評価表が出来上がったら、本部の人事部へ送られることになっている。

[解説] 時制の問題だ。条件を表す if 節では、will も would も使わないのが原則なので、(C) is と (D) have been が残る。主語 forms が複数形なので(D)が正解。　🔍 **文頭 〜 should be**

12. D　🔑 **形容詞の前には副詞を選ぶ**　p.12

[訳] マネージャーは、社員が急速に進歩するテクノロジーに付いて行こうとするときに抱える問題に対処しなければならない。

[解説] 品詞の問題は、空所の前後だけ見れば解けることが多い。ここでは空所の直後に形容詞の働きをしている advancing（進化している）があるので、副詞(D) rapidly（急速に）が適切。ちなみに、problems の後の that は関係代名詞。この文を2つに分けると後ろの文は、workers have the problems trying to keep up with ... となる。trying は、分詞構文が文末に置かれた形。when they try to の when they が省略され、動詞が -ing になったと考えると分かりやすい。　🔍 **空所 〜 文末**

13. B　🔑 **格が同じ代名詞の選択は、指すものを見つけてチェック**　p.73

[訳] その映画を通して、観客は「進化論」の発展を学ぶことで、進化論に関する議論に注目するようになる。

[解説] 格が同じ代名詞が並んでいるので、指しているものを探す。直前の名詞 theory of evolution だとして意味を考えると、「進化論の発展」となり意味を成す。従って、theory を言い換えた(B) its が正解。関係代名詞の(D) whose は後ろに動詞が来ていないので不可。　🔍 **全文**

167

14. B 🔑 「…している」なら . . .-ing、「…された」なら . . .-ed　　p.98

[訳]　その映画の大成功は、主演俳優の魅力的な演技に負うところが大きい。

[解説]　品詞と分詞を問う問題。the (　) performance [名詞] の (　) に来るのは形容詞。形容詞の働きをする (B) fascinating (魅力的な)、(D) fascinated (魅了された) が残る。修飾される名詞 performance から意味を考えると、「演技が (人) を魅了している」という能動が適切なので (B) が正解。(A) fascinate (魅了する) は動詞、(C) fascination (魅了されること) は名詞。　🔍 the 〜 performance

15. A 🔑 文頭の空所に Besides を選ばない　　p.83

[訳]　確かに銀行は金利を下げて借り手を競っているが、決して容易にはローン申し込みを受け入れない。

[解説]　空所には、it is true 以下の節と they never accept の節とをつなぐ接続詞が必要だ。接続副詞の (C) Besides は、文頭に来て2つの節を接続できないので不可。(D) の That が接続詞だとすると、「銀行が金利を下げて借り手を競っていることは (　)」という意味になるが、rates の後には they が続いており、(　) に当てはまる動詞がないので That は不可。(A) While (一方で) と (B) Because (…なので) が残る。「貸す相手を求めている」という前半と「容易にローン申し込みを受け入れない」という後半は逆接の関係になる。従って、While が適切。　🔍 全文

16. B 🔑 他動詞の後には名詞を選ぶ　　p.16

[訳]　ある用語がサイトのどこで使われたかを調べるには Search option を、その用語の定義を調べるには Glossary を利用できる。

[解説]　品詞の問題なので、前後を見る。空所には、他動詞 find の目的語が必要なので名詞の (B) definition (定義) が正解。　🔍 find 〜 of

17. D 🔑 where ＝ in / at / on / to ＋ which と考える　　p.119

[訳]　このホールを進んだ右側にブルールームがあり、そこを私たちは会議室として使っている。

[解説]　選択肢から関係詞の問題だと分かる。2つの文に分けてみると、2つ目の文は、we use the blue room as a conference room. となる。the blue room の前に前置詞は要らないので、[前置詞＋which] である関係副詞の (A) where は不可。カンマの後なので関係代名詞の (B) that も外せ、(D) which が残る。　🔍 全文

18. B 🔑 「…のもとで」は under p.142

[訳] 児童は大人の監督下でこの器具を使うよう強く勧められている。

[解説]「大人の監督（　）この器具を使う」の（　）には、(B) under（…のもとで）が適切。

🔍 **children ～ 文末**

19. B 🔑 後ろに節が来ていたら接続詞を選ぶ p.87

[訳] その地域では公共交通機関を大幅に改善したにもかかわらず、人々はまだ自家用車にほとんど依存している。

[解説] 選択肢に前置詞と接続詞が並んでいるので、まず空所の後の構造をチェックする。後ろには節が来ているので前置詞 (A) Despite は外れる。(C) Nevertheless は、Part 5 では文頭に選べない。従って、接続詞の (B) Although と (D) Since が残るが、前後の節の意味のつながりから、逆接を表す (B) が適切。

🔍 **全文**

20. C 🔑 If...の文では、2つの動詞の形をチェック p.62

[訳] もし Small Business Aid からの援助がなければ、多くの小規模事業主は2、3年で倒産していただろう。

[解説] 選択肢に［助動詞＋完了形］が含まれていて、問題文に if が含まれているときは、仮定法の問題だと考えよう。仮定法の問題では、2つの節の動詞の形の対応をチェックする。前の節の動詞は would have failed（倒産してしまっていただろうに）となっているので、それと対応する過去完了形の (C) had not had が正解。

🔍 **would have failed ～ 空所**

英文法模擬テスト　解答と解説　Part 6

問題を解くときに見る必要があった部分が、🔍と同じかチェックしよう。

Questions 21-23

[訳] 質問21-23は次の広告に関するものです。

> ルート66での快適な宿泊
>
> 　オザークの美しく歴史のある地区にあるボンドモーテルは、1942年にアーサー・ボンド氏が最初の10室のモーテルを建て、自らの名前をつけて以来、多くの疲れた旅人にくつろぎの場を与えてきました。彼は17年間このモーテルを運営しました。1959年にジャクソン夫妻がこのモーテルを買い取り、奥に5室を増築。1980年にジャクソン氏が亡くなった後、ジャクソン夫人は1991年に91歳で亡くなるまで、モーテルの運営を続けました。ジョンとメラニー・ピーターズバーグ夫妻が、現在のボンドモーテルとその歴史的な遺産の誇り高きオーナーであります。

語句

- □ cozy　　　形 くつろいだ
- □ purchase　動 購入する
- □ legacy　　名 遺産

21. D 🔑 文頭に...-ingか...-edを選ぶ問題では、文の主語から
意味を取って受身か能動か判断する　　　　　　　　　　p.101

[解説] 文頭に入る動詞の適切な形を選ぶ問題。分詞構文が問われている。動詞の原形（A）Locateが文頭に来ると命令文になり、Bond motelの前にandやorの接続詞が必要となるので、Locateは不可。目的を表す（B）To locateだと、「…を位置させるために、モーテルはくつろぎの場を提供した」となり意味を成さない。文頭に（C）...-ingか（D）...-edを選ぶ問題は、文の主語から意味を取って考える。locate...は、「…をある場所に置く」という意味。「モーテルは…に位置させられている」という受身が適切なので、過去分詞の（D）Locatedが正解。

🔍 文頭 ～ Bond Motel

22. D 🔑 過去の一時点を表す文には、現在完了を選ばない　　p.58

[解説] 空所には本動詞が必要なので、（B）operatingは不可。時制を考えると、直後の文に「1959年にジャクソン夫妻がモーテルを買い取った」とある。従って、Mr. Bondの経営が現在まで続いていないことは明らかなので現在形の（A）operates、現在完了の（C）has operatedは不可。過去形の（D）operatedが正解となる。forが使われていても完了形とは限らないので注意。

🔍 since Mr. Arthur ～ In 1959, Mr. and Mrs. Jackson purchased the motel

23. B 🔑 ある一時点まで動作や状態が継続しているときの
「…まで」は until　　　　　　　　　　　　　　　　　p.145

[解説] continued（…し続けた）という継続性のある動詞とともに用いることができて、意味も成立するのはuntilのみ。（A）atでは「ある一時点に…し続けた」となり意味が成り立たない。期限を表す（C）byも不適切。（D）duringでは、「彼女の死の間」というナンセンスな意味になってしまう。

🔍 Mrs. Jackson continued to ～ her death

Questions 24-26

[訳] 質問24-26 は次の記事に関するものです。

> 1月の住宅着工件数は過去30年以上で最速の伸びを示した。
>
> 　商務省の発表では、先月の着工数は12月比14.5パーセント上昇となった。ジョンソン経済研究所のビン・フォックスはすでに、今年の住宅産業の売り上げ増という楽観的な予想を述べ始めている。しかしながらまだ慎重な経済評論家もいる。彼らが慎重な態度を取るのにも、もっともな理由がありそうだ。彼らによると、この1世紀以上で最も暖かい1月となった天候がこの上昇の大きな要因になったかもしれないという。温暖な気候は、建設業者により多くの住宅工事を始めるよう促すものだ。
>
> 　フォックスは、通常天候には左右されない建設認可数が先月9.8パーセント上昇したことを指摘して、この見解に反論しようとしている。ひとまず、ほとんどの評論家は、ローン金利があまりに急に上昇しない限りは、今年の住宅建築は以前予想されていたほどの停滞には至らないだろうという点では意見が一致している。

語句

- □ decade　　名 10年
- □ The commerce Department　商務省
  （= U.S. Department of Commerce）
- □ optimism　　名 楽観
- □ cautious　　形 注意深い
- □ prompt　　動 促す
- □ refute　　動 反論する
- □ permit　　名 許可証
- □ affect　　動 影響する
- □ previously　　副 以前に
- □ mortgage rate　ローン金利

24. D 🔑 Part 6 では However を文頭に選ぶこともある　　p.96

[解説] 空所の後ろには節が1つしかないので、2つの節を接続する(A) Although は不可。(B) Furthermore、(C) So、(D) However はいずれも、前文までの内容と、この文とのつながりを示すのであれば、文頭に来ることができるので、文意を考える。前文の「ビン・フォックスは、住宅産業の売り上げは増えるという楽観的な予測をしている」という内容と、空所の後の「まだ慎重な経済評論家もいる」をつなぐには、(D) However（しかしながら）が適切。(B) Furthermore（さらに）や (C) So（だから）では意味を成さない。接続詞や接続副詞の問題はどうしても時間がかかる。読む部分が少なくても解ける問題を素早く仕上げることで、Part 5、6全体として、「1問30秒以内」を維持しよう。

🔍 Vin Fox 〜 cautious.

25. D 🔑 カンマの後に関係代名詞 that は選ばない　　p.112

[解説] 選択肢から関係詞の問題と分かる。直前の名詞が permits（認可）で「物」なので、先行詞が「物」のときに使える (B) that と (D) which が残る。関係代名詞 that にはカンマの後に来て補足説明をする働きがないので、(D) が正解。

🔍 building permits, ------- are

26. C 🔑 後ろに than があれば比較級　　p.132

[解説] 選択肢から比較か前置詞の問題と分かる。(A) の than であれば、空所の前に比較級を表す語句があるはずだがない。as much があるので、as ... as の構文ではないかと見当を付ける。(C) as であれば「以前考えられていたのと同じほど」となり意味が成立するので、(C) が正解。ちなみに、as や than の後ではこの問題のように、主語と be 動詞が省略されることがよくある。この文は本来、...housing activity will not slow as much this year as (the activity was) previously thought, である。

🔍 slow as much 〜 previously thought,

TOEIC® TEST 英文法模擬テスト　解答用紙

NO.	ANSWER A B C D	NO.	ANSWER A B C D	NO.	ANSWER A B C D
1	Ⓐ Ⓑ Ⓒ Ⓓ	11	Ⓐ Ⓑ Ⓒ Ⓓ	21	Ⓐ Ⓑ Ⓒ Ⓓ
2	Ⓐ Ⓑ Ⓒ Ⓓ	12	Ⓐ Ⓑ Ⓒ Ⓓ	22	Ⓐ Ⓑ Ⓒ Ⓓ
3	Ⓐ Ⓑ Ⓒ Ⓓ	13	Ⓐ Ⓑ Ⓒ Ⓓ	23	Ⓐ Ⓑ Ⓒ Ⓓ
4	Ⓐ Ⓑ Ⓒ Ⓓ	14	Ⓐ Ⓑ Ⓒ Ⓓ	24	Ⓐ Ⓑ Ⓒ Ⓓ
5	Ⓐ Ⓑ Ⓒ Ⓓ	15	Ⓐ Ⓑ Ⓒ Ⓓ	25	Ⓐ Ⓑ Ⓒ Ⓓ
6	Ⓐ Ⓑ Ⓒ Ⓓ	16	Ⓐ Ⓑ Ⓒ Ⓓ	26	Ⓐ Ⓑ Ⓒ Ⓓ
7	Ⓐ Ⓑ Ⓒ Ⓓ	17	Ⓐ Ⓑ Ⓒ Ⓓ		
8	Ⓐ Ⓑ Ⓒ Ⓓ	18	Ⓐ Ⓑ Ⓒ Ⓓ		
9	Ⓐ Ⓑ Ⓒ Ⓓ	19	Ⓐ Ⓑ Ⓒ Ⓓ		
10	Ⓐ Ⓑ Ⓒ Ⓓ	20	Ⓐ Ⓑ Ⓒ Ⓓ		
Part 5		Part 6			

著者プロフィール
小石裕子（こいしゆうこ）
日米英語学院講師。商社勤務を経て、同校でTOEIC、TOEFL、英検等、各種英語資格試験対策の指導にあたるほか、企業研修の講師も務める。英検1級、TOEIC990点（満点）取得。著書に、『新TOEIC® TESTリスニング出るとこだけ！』『新TOEIC® TEST英単語出るとこだけ！』（アルク刊）、『初挑戦のTOEIC® TEST 470点突破トレーニング』（共著、かんき出版刊）がある。

新TOEIC® TEST 英文法 出るとこだけ！

本書は『TOEIC® TEST 英文法 出るとこだけ！』（2003年発行）の全面改訂版です。

発行日	2006年10月20日（初版） 2012年12月6日（第17刷）
著者	小石裕子
編集	英語出版編集部
校正	Peter Branscombe / Owen Schaefer / Joel Weinberg
デザイン	ナカジマヒロフミ
DTP	株式会社 秀文社
印刷・製本	凸版印刷株式会社
発行者	平本照麿
発行所	株式会社アルク 〒168-8611 東京都杉並区永福2-54-12 TEL 03-3327-1101 FAX 03-3327-1300 Email csss@alc.co.jp Website http://www.alc.co.jp/

©2006 Yuko Koishi / ALC Press Inc. Printed in Japan.

落丁本、乱丁本は弊社にてお取替えいたしております。弊社カスタマーサービス部（電話：03-3327-1101、受付時間：平日9時〜17時）までご相談ください。
本書の全部または一部の無断転載を禁じます。著作権法上で認められた場合を除いて、本書からのコピーを禁じます。
定価はカバーに表示してあります。
PC: 7006115　ISBN: 978-4-7574-1106-7

地球人ネットワークを創る
アルクのシンボル「地球人マーク」です。

詳しい資料を無料で差し上げます！

目的・レベル別に選べる！
アルクの通信講座は充実のラインアップ

アルク www.alc.co.jp

レベル		入門/初級			中級		準1級	上級
英検	5級	4級	3級	準2級	2級	準1級		1級
TOEIC	−	−	350点	470点	600点	730点		860点
TOEFL	(iBT)		32点	46点	61点	80点		100点

聞く力をつけたい
- ヒアリングマラソン・ベーシック kikuzo！　英語聞き取りのコツをつかむ！
- 日常会話へステップアップ。　ヒアリングマラソン中級コース
- 100万人が実感した、人気ナンバーワン講座。　1000時間ヒアリングマラソン

聞く・話す力をつけたい
- 21種類の通訳トレーニング法で英語力を強化！　通訳トレーニング入門
- あなたの発音を「ナオスケ」が診断。　ヒアリング力完成 発音トレーニング

話す力をつけたい
- イングリッシュ キング　1日20分×週3日の新英会話習慣！
- 英会話コエダス　持ち歩ける英会話スクール。
- イメージどおりに英語を操る！　英会話コエダス・アドバンス

ビジネス英語を学びたい
- もう一度英語　ビジネス Basic　1日15分！英語の基礎を総復習。
- 朝20分で、脳科学に基づいた学習法。　朝英語Biz
- 学校英語をビジネス仕様に磨き上げ！　もう一度英語　ビジネス Chance
- クリエイティブに会話を操る！　ビジネス英会話 クリダス
- プレゼン・会議・交渉の英語に自信をつけたい！　ヒアリングマラソン ビジネス

英文Eメールの悩みを解消したい
- 使える英文Eメールのスキルが身につく！　ビジネスEメール速習パックライティングエイド

TOEICテストに備えたい
- TOEIC®テスト 超入門キット　1日15分、聞くだけで身につく！
- TOEIC®テスト 470点入門マラソン　1日30分×週4日の学習で英語力の下地を作る。
- 奪取550点 TOEIC®テスト 解答テクニック講座　スコア直結の解答テクニックを手に入れる！
- 海外出張をこなせる力を養成。　TOEIC®テスト 650点突破マラソン
- TOEICのプロが奥義を伝授！　奪取730点 TOEIC®テスト 攻略プログラム
- ビジネスで勝負できる本物の英語力を。　TOEIC®テスト 800点攻略プログラム
- 目標はノンネイティブ最高レベル！　挑戦900点 TOEIC®テスト攻略プログラム

※各講座のレベルは目安です。

資料請求は無料です！下記フリーダイヤルまたはインターネットで

お電話 アルク・フリーダイヤル
0120-120-800
※携帯電話・PHSからもご利用いただけます。（24時間受付）

インターネット アルク・オンラインショップ
http://shop.alc.co.jp/
アルクの通信講座全ラインアップや講座の詳細もご覧いただけます。

※お知らせいただいた個人情報は、資料の発送および小社からの商品情報をお送りするために利用し、その目的以外での使用はいたしません。
また、お客様の個人情報に変更の必要がある場合は、カスタマーサービス部（TEL. 03-3327-1101）までご連絡をお願い申しあげます。